営業を起点とし、
マーケティング組織で実現させる、

Webサイト受注プロセス戦略

デ・スーザ リッキー 著

エベレスト出版

まえがき

本書は、各所からご好評を頂いた前著、『「営業」をデジタル化し、「経営」を加速させる、「強い」マーケティング組織のつくり方』に引き続き、「営業職」が存在する企業で、「デジタル技術を活用した売上向上」や、「それが出来るマーケティングのしくみ・組織づくり」をしたい――と、望んでいる、経営層の方のために書きおろしました、第二の指南書です。

前回の書籍では、「ビジネスのデジタル化」を実現させる、「マーケティング組織の在り方」を軸に、いわゆる「市場における認知のフェーズから、Ｗｅｂサイトへの来訪、申し込みを頂くまで」の「マーケティング戦略と、それを実現するための全体像」の構築を中心に解説してきましたが、今回は、その中でも特に売上に近い「営業から、受注まで」の部分に、着目しました。

具体的には、どの企業様でも所有している事の多い「Ｗｅｂ（サービス）サイト」の部分を掘り下げ、Ｗｅｂサイトを、どのように戦略的に展開すれば、売上につながる＝確度の良い「商談」をセッティングでき、最終的に「受注」を成し遂げられるのか？　という、

「Ｗｅｂサイト来訪〜引き合いの獲得〜受注プロセス」を実現するための戦略について、解説させて頂きました。

コロナという未曽有の時代の変化により「ＤＸ」と言う言葉が頻出するようになった近年。これまで、営業が主導し、従来型の「足で稼ぐ」「長年の付き合い」「勘と経験」だった商売は、デジタル化というフェーズを迎えることが必然となって来ており、その影響はＢtoC企業のみならず、多くのＢtoＢ企業にとっても、喫緊の課題となってきています。

そんな中、自社が勝ち残るために、どのようにデジタルシフトし、引き合いをつくり、それを商談に起こし、成約させるのか？

いわゆる、「現代型のデジタルを活用した受注プロセス」を実現させるために、どのような会社組織を形成し、どのような「Ｗｅｂサイト」を構築すれば良いのか？　は、多くの企業が、分かっていそうで、実はよく分かっていない、あるいは間違いがちな重要なポイントだと思います。

本書は（前著と同様に）、一般的なマーケティング書籍にありがちな、大上段から専門用語を並べて、この理論を学ばないといけない、あの横文字を新しく覚えないといけない……という類の話をするつもりはありません。

そんな事をしたところで、皆様の会社が変わるとも思っていません。あくまでも「営業出身の方」や「マーケティング未経験の方」でも、ご理解いただけること」を目指しました。

本書で述べることはシンプルです。

皆様が、すでにこれまでの（オンラインを活用しない）企業経営の中で培ってこられた、既存の「お客様に選ばれる理由」。それを、現代の市場競争で勝てるように「仕組み化」して、デジタルと言う手段に乗せ、最終的に大きな成果を上げて頂くための「誰もが出来る作法」。

あくまでも前回もお話しした、このお話を中心に「では、それを、具体的に『Ｗｅｂサイト』上に表現し、受注を得るための『受注プロセス』とは、どういうことなのか?」と言う具体的な話に踏み込んでいこうと思います。

もちろん、本書は、前著を読んでいなくてもご理解頂けるような構成にしております。

私には、確信していることがあります。それは、**「商売」とは突き詰めると、結局は、どこまで行っても、「人間同士における、信頼のコミュニケーションの関係でしかない」**と言うことです。

だからこそ、デジタルに作法が変わったからと言って、コミュニケーションが無機質になるわけではありませんし、ＡＩ導入の未来予想図でささやかれるような「人間の存在は完全に不要になる」とも考えていません。ただし、我々の「作法、在りよう」の変化は、必須だと思っています。

テレワークの推進で、先方の企業様に電話をかけても、なかなかつながりにくくなるケースも増えてきました。対面で会おうとしても、いつまた、自粛の要請が出て、外出できなくなるかもしれません。自社が問題なくても、お客様側の行動が制限されれば、これもまた、過去のような、「対面を中心にした」商売ができる保証もありません。

多くの企業が、そのやり方に悩み、時として、袋小路に陥ってしまうデジタル推進。

そんなデジタルビジネスの本丸ともいえる「Ｗｅｂサイト」を活用し、売上に寄与させる『受注プロセス』の「仕組みと、組織の在り方」、そしてその具体的な戦略について、本書が少しでも、貴社が成果を出すための羅針盤になれれば幸いです。

デ・スーザ　リッキー

間違いだらけの企業のマーケティングWebサイト戦略

・誤解だらけの「企業の製品・サービス紹介　Webサイト」

本書は、自社の製品や、サービスの「Webサイト」を活用して新規の「お問い合わせ」を創り出し、**「受注を生む商談」を構築したい。**そして、それが、正しく機能し、業績に寄与するための営業組織や、マーケティング組織、そこから生まれる「しくみ」を社内に作っていきたい……。今はさておき、そんな未来をのぞまれる、**経営層の方に向けて書かれた「手引書」**です。

「手引書」ですから、「とりあえず、プロモーションに使うためのWebサイトをちゃちゃっと作りたいから、手っ取り早く外部にでも任せたい」などと考えている方には向いていません。

あくまでもWebサイトからの集客や商談創出を①自社において「重要」なものと考え、②それを、責任を持って商談化し、③組織的に稼働する「しくみ」として、デジタルを活用した「受注プロセス」を構築し、Webサイトに表現したい。そう思われている方に向けて書いています。
ところで、みなさまは、「受注をゴールにした自社製品（サービス）を紹介するＷｅｂサイト」と聞いたら、どんな情報を、どんな風に、どのくらい掲載されているＷｅｂサイトを想像しますか？

たとえば、こんなイメージを漠然と持たれたりしていないでしょうか。

1、目的は間違いなくＷｅｂサイト上で「サービス申し込みへの意志」を持ってもらうことだ
2、とりあえず、製品の事など、情報はなるべくたくさん、詳しく紹介したい
3、問い合わせはなるべく広く受け付けて、対応の幅を持たせたい
4、Ｗｅｂ上で顧客の意見を聞いて、最適な提案をしたい
5、上手く行っている企業のＷｅｂサイトの構成を模倣すれば失敗しないだろう

実は、これらすべての考え方が、「Ｗｅｂサイトの売上貢献」から離れていくアクションです。

私自身、「マーケティング組織構築コンサルタント」として、株式会社Marketer's Brainの創業から3年ながら、すでに30社、100を超えるプロダクトのマーケティング支援をさせて頂いておりますが、どうしても皆様、「受注のためのWebサイト」と聞くと、「なまじ、競合のWebサイトが見えてしまうだけ」に……でしょうか。「それらを模倣すればどうにかなる」などと、大きな勘違いをしたまま、実務に着手されていることが珍しくありません。

結果、「その企業様にとっては」完全に機能しないWebサイトが完成し、なぜだか分からないけど、「なんだかわかりにくい」サイトが公開されたり、「つくったのは良いけど、引き合いが来ない…」と嘆いたり、「引き合いは増えたが、営業の負担が増えるばかりなのだが、なぜだろう」と、『受注プロセス』が思い通りに行かない現実を前に立ちすくむのです。

では、そんな方々との支援を通じて、私が果たした「改善」の中身。

「あなたのお陰で、弊社のWebサイトが過去最高の成果を生み出しました！」

そんな感謝の声を頂くために、欠かせなかった「正しい商談と、受注プロセスを生み出すＷｅｂサイト戦略における、たった１つの使命」とは何だったのでしょうか。

それは、「営業力が最大化できるＷｅｂサイト」をつくることでした。

回答を目にされて、「いやいや、Ｗｅｂサイトなのだから営業力とか言われても関係ない。的外れな考えだろう」と、思われた方もいらっしゃるかもしれません。しかし、結論から書きますと。「そう思っているうちは（そう思っているからこそ）、上手く行かない」のです。

たとえば、もし、現在、ひとたび貴社で現場に目を向けたとき、

1、「Ｗｅｂサイトからの資料請求は発生しているけど、全然、営業の役に立たないんだよね」と、営業が問い合わせ対応をすることに「やる気」をなくしてしまうようなＷｅｂサイト運用が起きているとか、

2、資料請求を頂いて、せっかく営業が架電をしても「あ、情報収集なので結構です」と、即時電話を切られてしまうようなＷｅｂサイトからの引き合いの取り方をしている

とか、

3、あるいは、せっかく取れたアポイントなのに「アポなら何でも会うタイプのヒマなビジネスパーソン」の方にばかりあたってしまい、せっかくの自社の営業リソースを、無駄に消耗するようなことを起こしているのであれば、

諦めるのは少し待ってください。

実は、これらすべての問題は「Ｗｅｂサイト戦略の改善だけ」で、解決できるからです。

本来、貴社が注力すべきことは先のような「徒労」では無いはずです。

全社を通じて、戦略的に展開される利益追求＝**ビジネスの「仕組み」のデジタル化**。Ｗｅｂサイトがお客様からの引き合いを生み出し、営業が伸び伸びと力を発揮する世界。それが、「あたりまえのこと」として、円滑に運営され、利益を生み出しつづけられる事業の未来。

貴社が、そんな未来を実現させるために、やるべきことは、たった1つ。

「Ｗｅｂサイト」と、それに紐づく「受注プロセス」を、正しい在り方にするだけなのです。

本書は、それを、「自社の力で成したい」経営層に向けた導入手引となっています。

・どんな企業でも、成果をあげるWebサイト戦略はつくれる

ビジネスにおけるWebサイト戦略と、受注プロセスの構築……と聞いて、「そうは言っても今さらデジタルの分野をイチから覚えるのは難しいのではないだろうか」と、頭を抱える方もいらっしゃるかと思います。

しかし、まずは、ご安心ください。デジタル未経験の営業担当だけが集まってつくられた「マーケティングすら未経験の組織」でも、「受注をもたらすWebサイト戦略」は、展開も、運用もできます。なぜなら本来、マーケティングは「特別な人の専門的なもの」ではないからです。

前著から言い続けていますが、「マーケティング」と言うと、どうしても「高度で難しいもの」と、捉える人が多いのが世の中の常となっていますが、実際は、仕事で実際に使うレベルの「マーケティング」は、皆様が普段から触れている「商売の在り方」を「言語化」したものにすぎません。

たとえば、展示会やチラシ、テレアポのトークスクリプトと同じように、同じ立ち位置

で存在しているのが本来の「Ｗｅｂサイト」の役割です。それがデジタル上にあるものなのか、アナログな手段なのか？　という手段の違いはありこそすれ、その根底・役割は、ほぼ一緒となります。

だからこそ、「電話はできないよ」とか「チラシなんか作れないよ」と言う風には、みなさまがこれまでの営業経験上で思わなかったように、正しい「やり方」さえ理解していれば「Ｗｅｂサイトなんか作れないよ」も、本来は起きることではないという事です。

ただし、ここでご注意いただきたいことは、だからと言って、貴社のメンバーが、何度かマーケティング系の外部研修に参加したり、それっぽいコミュニティに参加して当たり障りのない情報交換をしたり、学習教材や書籍で学んだことをそのままに実行したり、ニュースなどで学んだ最新の手段を導入し続けたところで、いつまでたっても、「Ｗｅｂサイトを戦略的に活用した売上寄与できるアポイントを生み出すような、受注プロセスの構築」は、ままならないと言うことです。

そもそも、多くのＷｅｂサイトにとって重要なことは「外から見える部分」では、断じてありません。実は戦略的Ｗｅｂサイトとは、**そのサイトの裏側に存在する「外部からは見えない、その会社独自の営業のしくみ（受注プロセス）」そのものが完成されていないと、何の役割も果たすことが出来ないものだからです**。

まず、大前提としてココをご理解頂けていないと、制作会社や、代理店に言われるがまま、「見てくれ」ばかりがそれっぽいＷｅｂサイトを作り「本当にこれで良いのだろうか？」と、自社の誰もが正解を出せないままサイトを公開してしまうことになります。

そして、その結果、冒頭でお伝えしたような、「引き合いが取れない」とか「来ても情報収集ばかり」とか、「架電しても全然アポが取れない」と言う状況を生み出してしまうのです。

そこから抜け出すために必要なことは、**「Ｗｅｂサイトを戦略的に活用するための、そもそもの、しくみ（組織）を正しく理解し、『自社にとって最適なスタイル』を社内に構築すること」**です。

最大のキーポイントは、それらはどこからか引っ張ってくるものではなく、**「貴社のビ**

ジネスモデルで既に存在している勝ちパターン＝営業の経験」から構成する……と、言う事実です（でなければ、商談になったところで売れる訳もありません）。

実は、貴社は、戦略的なＷｅｂサイトで成功するための素地を「自前で既に持っている」のです。

その事実を支える裏側には、貴社ならではの資産、たとえば、人材、組織、商品、施設など様々なものが存在することでしょう。実際、貴社の優秀な営業マンは、これらの優位なポイントを「営業トークの引き出し」として使うことで、日々の契約を勝ち取ってきたはずです。

「戦略的Ｗｅｂサイト～商談・受注プロセス」と言うのはつまり、そういう「営業トークの引き出し」に対して、どのように「高い確度でアポイントを供給し、営業がイキイキと活動できる機会（チャンス）を量産できるのか？という事に着眼、集中されなければ、まったくもって機能するものでは無いのです。

つまり、それは何を意味するのかと言うと、ある企業で「Ｗｅｂサイト戦略」の構築を実施しようとすれば、そこに１００社あれば、１００通りの「営業」があるのと同じように、「Ｗｅｂサイト」や「商談化から、受注までのプロセス」が作られますし、それに伴う商談化のしくみも、会社と同じ数、１００通りできなければ、むしろおかしい話なのです。

そして、そうやって生まれたものであればこそ、その企業のマーケティング戦略には、独自性が生まれ、差別化が利き、模倣が困難となり、その結果、競合に対し優位に立つ、「利益に貢献する、勝てるＷｅｂサイト戦略」と「受注プロセス」ができあがるのです。

本書を手にされた方の中には、「マーケティングについては、まったく知識も経験もない」方もいらっしゃることでしょう。しかし、そういう方であったとしても、これまで社会人、企業人、あるいは経営者としては、ある一定以上のキャリア・経験は積んでこられたはずです。

実際、私が過去に関わったお客様にも、もともとは「営業経験しかない」とか「マーケティングなんて一切、知らない」みたいな方が沢山おりました。というか、そういう方がほとんどでした。

しかし、そんな彼らも、最後は、「Ｗｅｂサイト」を戦略的に組み上げ、「受注プロセス」を構築。最後には、「売上寄与」という成果を出せるようになっていきました。

なぜか？　それは、**彼らが、私のコンサルティングを通じて手にしたものは「ビジネスの仕組みをデジタル化し、Ｗｅｂサイトに表現、商談化〜受注させる」メソッド、つまり、「受注を得るための本質的なアプローチの考え方・やりかた」の話でしかなかったからです。**

実際、彼らが市場に打ち出したのは、「これさえやれば大丈夫」のような耳あたりの良い真似事ではなく、「自分たちがもともと勝ちパターンだと分かっていたものを言語化し、デジタルの作法にあわせただけのもの」だったのです。

その、戦略・しくみを表現するためのフィールドが、たまたま現代では「Ｗｅｂサイト」と、「それを支える、商談化〜受注プロセス」と言うキャンバスに描かれたに過ぎません。

だからこそ、「戦略的Ｗｅｂサイト」と、それを支える「裏側のしくみ＝受注プロセス」は、貴社にも、もちろん作ることができるのです。

目次

第1章

売上に貢献する
デジタル
コミュニケーションとは

1、九割の企業が間違えている、受注を得るための「Ｗｅｂサイトの役割」

・企業のＷｅｂサイトこそ、「シンプルかつ戦略的」でなければならない

「戦略的Ｗｅｂサイト」を構築し、商談、売上、利益に貢献するデジタルを起点とした「受注プロセス」づくり。**それを果たすための「成果を上げるマーケティング組織の構築」**について、みなさんに正しく理解していただくために、まずは、よくある現代の「上手く行っていない企業の事業における、プロモーション用のＷｅｂサイト」について、触れていきたいと思います。

これは、私が、支援の中で改善してきた企業の方々の改善前の姿。つまり、**すでにＷｅｂサイトを、プロモーション用に公開しつつも「売上寄与」という本来の成果を出せずに伸び悩んでいる**クライアント様の多くに共通して見られた、「Ｗｅｂサイト」、および、その背景に隠れている「事実」と「理由」についてのケーススタディだとお考えください。

さて、まずそういう組織の製品や、サービスプロモーション用のＷｅｂサイトを拝見させて頂くと、すぐに、共通した「誤った意図」を見つけることが出来ます。

具体的には以下の1つに、その「意図」は集約されます。

それは、「デジタルを万能だと思い込み、集客と、受注を焦り過ぎていること」です。

その代表例は、「Webサイトからの『お問い合わせ』を得るために、（そして、SEOなどで沢山の流入を得るために）あらゆる情報が網羅されているケース」でしょう。

もちろん、「狙い」はわかります。マーケティング領域における営業のデジタル化（DX）実現のために、Webサイトを活用して売上に寄与させたい訳ですから、そこに至るために必要そうな要素を集めた訳です。そして、なるべく広く、多くのユーザーに読んでもらうために、あらゆる情報を公開する。そうすることで、少しでもビジネスチャンスを得たいのでしょう。

しかし、このやり方、誤解を恐れずにハッキリと解説をお伝えすると、これこそが、世の中のほとんどの企業で発生している「大間違いの考え方」です。企業のWebサイトが、こういった状況にある限り、その思惑とは裏腹に、受注は、どんどん「取りにくいもの」

となっていきます。

また、こういったＷｅｂサイトでは、その情報量の多さのせいで、たとえ、資料請求を取れたとしても、営業の業務負荷が大変な事になります。

しかし、なぜ、「最初から受注を狙うために情報を網羅すること」が悪いのでしょうか。

端的に言えば、それは「顧客との関係（フェーズ）を設計していない事から発生する、ミスコミュニケーション」と言う課題です。わかりやすくするために、具体的に考えてみましょう。たとえば、この、「よくある間違ったＷｅｂサイト」は、それを読み込ませることで、以下の３つのパターンの「ユーザーの状態」を生みだすと考えられます。

それは次の３種類です。

①サイトの内容を、読む気すら起きなかったユーザー群
②サイトの内容を読み込んだが、理解が及ばなかったユーザー群
③サイトの内容を完全に理解して、納得したユーザー群

実は、**これらすべてに「問題」が起きています。**

①は、言わずもがなでしょう。

皆様もご経験があると思います。

要するに、「情報量が多すぎて、そもそも読む気が起きない」とか「文字が多すぎて、あるいは難しそうで、見る気すらしない」と、読み手が感じてしまうＷｅｂサイトです。

技術情報やら、詳細なデータやら、事例やら、ノウハウやら……とにかく色々揃ってはいるのですが、顧客の「興味の度合い」や「理解度」。「リテラシー」を全く考慮せずに構築された当該サイトでは、様々なユーザーを流入させる一方、読み手からすれば、「誰のために、何を伝えようとして用意されているサイトなのかがさっぱり分からない」と、いう状況を生み出します。

それは、「丁寧に説明すれば、わかるはずの事すら、そもそも読む気も起きないから、結局分からない」と言う状況を作り出してしまうのです。だから、受注はおろか、商談のチャンスすら発生しない……となります。

さて、それでは、②の状態、

「サイトの内容を読み込んだが、理解が及ばなかった」はどうでしょうか。

この状態も、もちろん貴社にとって、まったく好ましいと言えません。

なぜなら読み手に「あきらめ」を生じさせるからです。みなさま自身が、おそらく過去にそういう経験をされていたことがあるように「ちょっと、興味があったから読んでみたけど、なんだか良く分からない」と言う状況です。

そんな説明を受けてしまうと、読み手は、やっぱり「わからないから、もういいや」と言って、離脱して（理解することを投げ出して）しまうのです。

さて、それでは、③の「サイトの内容を完全に理解して、納得したユーザー」。

これなら、どうでしょう。

一見して、「これなら、大丈夫だろう。流石に受注が取れそうだ！」と思う事でしょう。

しかし､ココにも問題があります。情報を読み込んで納得したユーザーは、基本的に「満足」するからです。そして、「満足」したユーザーは、「よし、本当に必要になったら、また、問い合わせよう」と言ってサイトから離脱していくことが、（そして、そのままずっかり忘れてしまう事すら）実は非常に多いのです。

また、仮にそれが資料請求…という成果につながったとしても、こういう「情報過多」のＷｅｂサイトから引き合いをつくってしまった場合、実はマーケティング部はさておき、その引き合いを引き受けた「営業サイド」に大変な苦労を強いることになります。

なにせ、「情報が全部Ｗｅｂサイトに載っている」訳ですから、顧客が「何を理解していて、何の説明をしてほしいのか」が、まったく分からない……となってしまうんですね。

こういう企業では、資料請求などの引き合い（リードと言います）が取られたとき、営業部が架電して、「必ず」こう尋ねます。

「資料のダウンロードありがとうございました。……ところで、なぜ、資料をご請求いただけたのか、お聞かせ願えますか……？」と。

なんだか、ちょっと間の抜けた質問ですよね。

そして、多くの場合、商談を面倒だと感じる相手は、こう答えます。

「情報収集です」と。

そして、営業は次に話を繋げる「二の矢」を持っていないので、ここで「話はおしまい」です。

あとは、お客様が自発的に、自分で「分からない事」をみつけて、問い合わせしてくるのを、ただじっと、待つしかありません。

さて、このやりかたは、本当に「Ｗｅｂサイトを戦略的に活用した、正しい企業のあるべきデジタルマーケティングの姿」なのでしょうか。

もちろん、そんな事はありません。

実は、「Ｗｅｂサイト」を上手に構築され、戦略的に機能させている企業様の架電には、そもそも**「なぜ（何のために）資料をダウンロードしてくださったのですか？」などと言う質問は、「存在しない（するような作りになっていない）」からです。**

それが、実現できる世界だから、そういうＷｅｂサイトは「戦略的」と言われるわけです。

・戦略的なWebサイトは「何を」生み出すのか

さて、それでは、一般的な商談を必要とするビジネスを展開する企業における「Ｗｅｂサイト」が戦略的に機能しているとき、いったいどのような「受注プロセス」が動くのでしょうか。

結論から申し上げれば、それは、「営業が簡単に、お問い合わせ（リード）の『発生理由』を理解し、顧客の理解度も理解しており、だからこそ「次に何を話せばいいのか」が分かっている状態を「しくみ」で構築できている状態です。

つまり、営業が「商談では、この話がしたい」と思えるような「受注のための」キラートーク。それを存分に話せる「事前準備」が整った状態で、Ｗｅｂサイトからの引き合いがやってくる。

そんな「しくみ」が、勝手に動いている世界なのです。

誤解しないで頂きたいのは、それは「見積もり依頼が来る」と言うような、リードの種別だけの話ではありません。たとえそれが「資料請求」であっても、Ｗｅｂサイトのコミュニケーションが、イコール顧客の状態を「可視化」したような状況が、自然に作れるのです。

イメージを具体的にしていただくために、例を示してみましょう。

たとえば、弊社は「マーケティング組織構築コンサルティング事業」を営んでいます。

ですので、弊社のＷｅｂサイトをごらん頂くと、どういう事をするのか？　と言う概要や、実際の導入いただいた、東証プライム上場企業様の事例、メディア掲載歴などが並んでいます。

しかし、そこから、「もっと情報を得たいな」と、先に進もうと、読み手である皆様が思われた時、実際の支援のプロセスや、支援のタイムラインなどはＷｅｂサイト上には掲載（公開）されておりません（意図的に、しておりません）。

もし、ここに「３カ月でどうなるか、実際の支援プロセスの資料をお配りしております」

と言う訴求文言と、クロージングのポイントがあれば、この資料は「その具体的な内容が知りたい人」にのみ、ダウンロードされていくことでしょう。

そして、そういう展開であればこそ、もし、こちら側から、「アポイントを取るぞ！」と、架電した場合「より詳しい解説をできますが、一度お会いしませんか？」などと、「相手の、行動理由、心理状態が分かっているからこそ」具体的に声を掛けることができるようになるはずです。

いまの事例は、あくまでも一例です。

ただ実は、実際のところ、**弊社の場合は、自社の戦略的に、この内容を「採用していません」**。

なぜ、一見して「使えそうな」プロセスを使わないのか？

そのヒミツは本書で追って解説させて頂きますが、とにもかくにも、このように「行動が、次の営業に結びつくような」設計が成されてこそ、「Ｗｅｂサイト」は、戦略的に機能する……という事です。

つまり、何が言いたいのかと言うと、**戦略的なＷｅｂサイトは、確かに「受注」を生み出しますが、それは直接的な正解とは言えず、正確に表現をするならば、営業力を最大化するための「受注のプロセス」を生み出すために存在する……と言うのが「正解」なのです。**

多くの企業の犯している根本的な勘違いは、マーケティングにおける企業のＷｅｂサイトの役割を、ＥＣサイトのような「店舗」だと思い込んでいる所にあります。

だから、たくさんの情報を載せ、多くの事を理解させ、「受注」につながる話を得ようとする。しかし、これは、冷静に考えれば「物凄くおかしな話」なのです。なぜなら、それができるのは物販サイトか、アプリなどの決まった（画一的な）「ものを販売するサイトだけ」だからです。

たとえば、それが資料請求でも、カタログダウンロードでも、事例集でも、見積もり依頼でも、引き合いのカタチは何でも構いません。

みなさまが、これらの引き合いをＷｅｂサイトから「受けつけ」たとき、実は、その後ろの工程の「営業組織」や「インサイドセールス」が何をするのか？　と言うと、実は、やることは1つに集約されます。

どんな形でやってきたリードであれ、結局はすべて「電話をかける、あるいは、メールを送ること」≒「アポイントや、商談を創り出すこと」しか、していないはずです。

それは、裏を返せば、「多くの（主にＢ toＢ）事業社のＷｅｂサイトは、サイト上だけで『受注する』ことは、そもそも「出来ない」」、と言う事実を意味しているんですね。

ＷｅｂサイトからのＥＣ（直接販売）以外を目的とする事業であれば、それが、どんな商材であれ、かならず、受注までのプロセスに「アポイント」というプロセスがあって、「商談」というプロセスに繋がって、その中である程度の時間をかけて「受注」に繋がっていくことになります。

だから、戦略的Ｗｅｂサイトには、「受注」という最終的な行為を求めるのではなく、「受注」につながるための「引き合いを作り出すこと」こそが、求められる…と言うことです。

それを端的にユーザー心理としてかみ砕くと、

Ｗｅｂサイトの目的は、必ずしも**「この商品が欲しいからぜひ、検討したいと思う」と言う「購買意欲」を創ることでは（もちろん、それが出来れば理想的ですが）、無いということです。**

話をまとめると、「受注プロセス」を機能させるためにＷｅｂサイトに求められる「目的」は、

「この商品しかありえないだろう！」

という、「強い購買の意志」を創り出す事ではなく、

「この商品、なんだか自社にとって良さそうだから、話を聞いてみたいな」

と言う「興味」を作り出す事なのです。

そして、この「興味」のつくり方や、その内容、あるいは「興味の深さ」の「理想形」は、その会社によって、必ず、絶対に、千差万別となります。

なぜ、これらが、企業によって「絶対に、千差万別に」なってしまうのでしょうか。

その理由と、その先にある、どうやって実現していくのかは後々の章で述べますが、まずは、この「Ｗｅｂサイトは受注を作るのではなく、貴社の営業力が最大化するための、商談の種＝興味（もっと話を、聞いてみたい）を生み出すために存在する」と言う意識を持つことこそが、戦略的Ｗｅｂサイトを構築する上で、非常に大事になる……と言うポイントを押さえてください。

2.マーケティング未経験の営業組織が、引き合いのデジタルシフトを成立させるまで

・多くの企業が、Webサイトの「役割」を特定できていない

売上に対して成果を上げるマーケティング組織の構築、および、Ｗｅｂサイトを活用した受注プロセスのデジタル化、その戦略展開を行うための最初のステップでは、今までのやり方をいきなり激変させる必要もなければ、非常に特殊な（あるいは高度な）マーケティング知識を覚えて頂く必要もありません。

ただ、シンプルに訴求すべきコミュニケーションの内容を適切なタイミングで、適切なものに変え、それを実行するための「Ｗｅｂサイトに掲載する情報を調整」をするだけでも、「Ｗｅｂサイトの戦略的活用」と、その後の「受注プロセス」は動き出します。

そうしたことをご理解いただくために「営業トークと、Ｗｅｂサイトで提供する情報」の重要性を理解したことで本質にたどり着き、最終的にＷｅｂサイトからの受注を稼働・推進させた、Ｉ社の例を紹介いたしましょう。

Ｉ社とは、弊社が設立した2年目にお会いしました。当初、お話を頂いた際には、この企業様は、世の中のＤＸ化の流れを受け、デジタルマーケティングを推進されることを決定された一方、その辺りに知見の深い人間が社内にいない……という事で、「営業出身の方々が、テスト的に集められて組織化され、「どうにかデジタル施策の推進をしたい」と言う話になっており、プロジェクトがキックオフされた状態でした。

プロダクト（売りたい商品）は、決まっており、デジタル施策の第一弾として、そのプロダクトの「Ｗｅｂサイトを構築する」と言う前提こそ決まっておりましたが、「具体的に、そこからどうやって受注を作るのか？」と言う意味では、完全に手探りとなっていました。私に声が掛かったのは、そんなタイミングでした。

会議のキックオフの場での第一声。プロジェクトリーダーの方から言われたのは、

「先生、とりあえず、Ｗｅｂサイト構築にあたって、何をするべきなのかを教えてください」

と言う一言でした。

そこで、そう言われた私は、すぐさま彼らに問いかけました。

「わかりました。それでは、ここにいるメンバーの皆様は、全員、営業出身とのことですが、まず、教えてください。今回取り扱う商品が『そもそも、なぜ、売れているのか』を説明できる人はいますか？」

今でも、営業の方々が、私のこの質問に対して、ビクッと身を引いたのを覚えています。

それこそが、「彼らが勿論これまでのキャリアで、ずっとその商品・サービスを売ってきたはずなのに、その理由を聞かれてみると、意外に言葉に出来ない」という事実に、彼ら自身が気づいた（直面した）瞬間でした。

営業力が培われて、それを「経験」として養い、組織化してきた企業においては、営業は各メンバーの知見において、それぞれが実力を養っています。優秀な営業人員ほど、この傾向は顕著ですが、「勘」や「知識」、「引き出し」、「経験値」などと言う言葉で表現されることが多い、その多くの知見は、**その人の「無意識の領域」に蓄積・格納されていることがほとんどです。**

そんな営業組織だからこそ、そこにつきまとう問題があります。それは、そういった「営業スキル」が「個人に依存している」という事実です。つまり、「営業組織としての運用」は体系化されているのに、「個人に依存する営業トーク（経験の部分）が体系化されていない」と言う事実です。

そこで、私は質問の内容を、もう少し「営業側に寄せて」みました。

「では、質問を変えましょう。この商品の商談において、『この話をすると、受注が決まりやすい』というような鉄板のトークは、何かお持ちですか？」

私がこれらの問いかけの中で探っていたのは、「商談の起点になりえる要素」でした。

戦略的Ｗｅｂサイトに求められる「役割」とは、先の章でふれた通り「受注」ではなく、貴社の営業力が最大化するための「受注プロセス」です。

それはつまり、貴社の営業の方々に商談で実力をいかんなく発揮いただくために、「最も得意な形でトークを展開できる前提条件を調えること」に他なりません。

それを成すためには、「私がどうの」ではなく、「営業の皆様本人」から、少しずつでも、営業の方々がすでに持たれている「引き出し」を「言語化」していく必要があります。このやりとりは、彼らの「これまで言葉にならなかった、商談における核心」を洗い出すために行われます。

一般的に、「自分たちの商品が、なぜ売れているのか」を、営業組織が言語化できていない企業では、Ｗｅｂサイトのマーケティングがつくるべき「引き合いのカタチ」＝「Ｗｅｂサイトのゴール」が見えていません。

もし、商談の席で「特定の事例を紹介すれば良い」のであれば、「素晴らしい事例があります。詳細はお問い合わせください」などと、得意な方向に誘導が出来る訳ですが、「そもそも、自社の商品がなぜ売れているのか」が見えない企業では、これをカタチとして成しにくいのです。

実際、I社でも、言語化からカタチを成していくために相応の時間を使うことになりました。

しかし、実は、その時間は「自社の営業を見直す」うえでも非常に有意義なものとなったそうです。

なぜなら、彼ら自身が「自分たちの商品がなぜ、売れているのか」を理解するという事は、会社としての営業スキルの共有・研鑽・向上にも直結するからです。

実際、これらのワークを進め、「売り方」を意識して営業をしていくことで、言語化が進み、次第に、「こういう理由でならいけるのではないか」という「仮説」が確立されてくるようになりました。そして、Ｗｅｂサイトの「果たすべき役割」もまた、徐々に見えてきたのです。

・こたえはすべて「現場」にあり。の、本当の考え方

さて、ここまでお読みになって、普通の事業社向けマーケティング関連系の書籍と、本書はちょっと違っていると思われた方も多いかと思います。鋭い方であれば、「ある事実」に気が付いていてもいらっしゃるかもしれません。それは、私の今回のマーケティング組織とＷｅｂサイト、そして受注プロセスの戦略構築論は、**「完全に営業起点になっている」と言う事実についてです。**

よく、「マーケティング」と言われると、「専門のスペシャリスト部隊」をイメージされる方が多く、その部署だけが何かを果たしている……と勘違いされがちです。

実際、そういう組織で働いている本人も「それが自分たちの目標なのだ」と、信じていることも珍しくありません。

そのせいか、「自分たちこそ、偉いのだ」と、勘違いしている人間すら存在します。

しかし、「受注プロセス」と言う、会社全体を横断する横串を組織全体に通して考えた時、あたりまえですが、組織には「各々の役割」が存在し、「市場と向かい合う、案件のスターター」こそ、マーケティング部であることがほとんどですが、その実、企業にとって最も重要な「売上貢献」を担う、「案件のクローザー」は、「営業組織」にあります。

スターターの役割は、市場から、たくさんの、良質な引き合いをつくる事にありますが、受注を果たすのは、どんな企業でも「営業人材」です。ここは絶対に揺らがない真実です。

「終わり良ければすべてよし」と言いますが、

企業からすれば、
「見てくれの引き合いはたくさん作れるが、受注は全く取れない組織」と、
「引き合いは少ないが、受注はたくさん取れる組織」

なら、後者を手放しで賞賛することでしょう。

そもそも、企業は、「利益集団」な訳ですから、「受注」という後ろの工程が機能していなければ、どれだけ世間から注目を集めたところで、何の意味も無いんですね。

それはつまり、野球なら「どれだけ打っても、試合に勝てなきゃ意味が無い」とか、サッカーなら、「どれだけ点を取っても、試合に勝てなきゃ意味がない」と言う話と、理屈は一緒です。

要はマーケティングと言うのは「集団で行うチームワーク」であり、「凄いマーケターが一人ですべてを果たした」と言うのは（世間ではそういう残念な自称をする人が多いですが）、戦略面では、一定理解できるのですが、実際のところは、「そんなわけがない」と言うのが現実です。

だから、本当に売上に寄与したいなら、企業のマーケティングは、「営業起点」で考えます。

なぜなら、そこにはすでに「売れる理由」が存在しているからです。

よく、マーケティング業界では、「市場の声を聞け」と言いますが、
①「新しい市場（売れる理由そのもの）を開拓する」のならいざ知らず、
②「既存の売り方をデジタルで、新しい市場（デジタル領域）に拡張する」

と言う、今回のような「デジタル化のフェーズ」にいる場合、マーケティング組織が、営業サイドの方を向かなければ、そもそも、それは会社全体として、マーケティングが機能しません。

というか、①と②が、そもそも目的として混在されているケースが多く、本当にやるべきは、まず②の最大化なのに、それをすっ飛ばして①をやろうとする企業が本当に多いのです。

だから、私は、I社に対しても、デジタル上で、商売の強みを再現いただくために、「自分たちの商品が、なぜ売れているのかを説明できますか？」と、聞いた訳です。

いま、目の前にある売上貢献なしに、「どこかにいるだろう、幸せの青い鳥」を探すのは、基本的には徒労にしか終わらないからです。

・デジタル化こそが「営業力の更なる強化」を生み出す

さて、Ｉ社との話に、話を戻しましょう。弊社とのワークなどを通じ、Ｉ社の中でも、いくつかの「売れそうな理由」と言うものが出てきました。

ところがこれからが面白くて、実はこの「売れる理由」。特に最初の時点では、「営業によって感覚がまちまち」になったりするんですね。

たとえば、ここに、あるタブレット端末があるとして、

Ａさんは「防水だから売れる」と思っているし、
Ｂさんは「高速通信が実現するから売れる」と思っている。
Ｃさんは「アプリがサクサク作動する高機能だから売れる」と思っていて、
Ｄさんは「軽量だから売れる」と思っていたり……

と、なんと、同じ商品を売っているはずなのに、意見が分かれ始めました。
実は、これ営業の「言語化」のプロセスでは良くある話で、さほど驚くべきことではあ

りません。いわゆる各営業が持っている「引き出しの中身」が見えたことで、「営業」の「差（違い）」も顕在化されることになったんですね。

ただ、面白いのが、こういう事が「言語化」され明らかになると、とたんに「営業本人の方々」が、

「うそ、お前、そういう風に思っていたの!?」とか、
「おまえ、そんな売り方していたのか！」

と、同じチームなのに、今さらながらに、やり取りをしていたりすることです（笑）

まあ、そもそも、お互いの営業をずっと見る機会なんて、早々無いですから、その時点で驚きも、発見も多いことでしょう。そして、それくらい各自が「違う」中で、さあ、今度は「どういう風に伝えたら売れるのかを、組織の統一見解として考えましょう」となると、「誰の売れる理由を優先的に扱うべきなのか」という、健全かつ、前向きな議論が始まる訳です。

このプロセスでもゴールに持っていくコツがあるのですが、結論だけ申し上げると「営業組織が、自分たちで決める」という事に、私は「重き」を置いておりまして、それが果たされる事で「これで売ってみたい」「これでＷｅｂサイトに載せて、世の中に出してみよう」と、「営業組織」の腹がくくられます。つまり「組織が納得（合意形成）している状態」が簡単につくれるんですね。

そして、それを実際に試してみるのが「Ｗｅｂサイト」……というフィールドになるのですが、ここで、デジタル施策の面白いところ、素晴らしいポイントと言うのが２つ存在していて、

それが、

（１）「検証が容易にできるフェアな環境を、比較的迅速に、用意できること」と、

（２）「その比較のための反響が、（デジタルだからこそ）すぐに、数字で出てくること」です。

正しい設計、および計測が実施できるとき、彼らから生まれた「いくつかのストーリー」は、正しく展開される事で、フェアに競争され、その数字（結果）が良かったものが、生き残ります。

それはつまり、生き残ったものこそが、「市場から選ばれる理由」だった、と言う証明にもなっているという事です。

この「発見」は、営業サイドからすれば「財産」です。

彼らにしてみれば、「自分たちが信じてきたストーリー」がデジタルという市場において「数値化」されることで、「市場の反響」を「体感・経験」として掴むことができるようになる訳ですから、「偉い人が決めたから、正当性は分からないけど従う」とか「声の大きい人の戦略を、疑問に感じながらも採用する」と言うような過ちが起きなくなるんですね。

そして、そこから得られた「知見」がまた、彼ら本人にとっての「学習と改善」につながる。

「そうか、俺が思っているほど、このニーズって需要がある訳じゃないんだな」とか、「このニーズって分母は少ないけど、引き合いになると結構決まるよな」とか。それが数値で証明されていく。

あるいは、未来（新しい売り方の創造）にもつながるんですね。

「それでは、こういう売り方をしたらどうだろうか」とか、

「こういう言い方で伝えたら反響はどう出るのか」とか、

営業が「もっと売れるのではないか」と、自分で研鑽し始めるんですね。

・マーケティング部と営業組織は、連携の先に共生する

さて、そうやって生まれた、いくつかの「ストーリー」が、いよいよI社の製品Ｗｅｂサイトに掲載されることになりました。

ここで、「マーケティング部」と「営業部」という2つの部署が、「受注」と言う1つの目標を達成するために、「受注プロセスの分解」＝役割分担を行います。

サッカーにたとえるならば、これはＭＦ（ミッドフィルダー）と、ＦＷ（フォワード）の関係に近いです。ＦＷ（営業）がシュートを打つために、ＭＦ（マーケティング／Ｗｅｂサイト）がセンタリングを上げる。

もちろん、ＦＷ（営業）の特性によって、高いボールが必要なのか、低いボールなのか、速いボールであるべきか、遅いボールを希望しているのか……が変わります。

だから、なるべくそこに併せてあげる。

そうすれば、当たり前ですが営業は「高い決定率」を実現することが可能になります。

そして、シュートを決めたＦＷ（営業）は、必ずＭＦ（マーケティング）に、こう言います。

「今のすごくよかった！　もっと頼む！」と。

また、話は、ここに留まりません。

実は、正しい手段を講じてつくられた「引き合い（リード）」と言うのは、物凄く「話しやすい」のです。たとえば、冒頭の話であったような「なぜ、資料を請求いただけたのですか？」と言うような会話がそもそも生まれないような構成になっています。

基本的に、この手のリードを扱う時、上手く設計されている「受注プロセス」は、いわゆる「フリーディスカッション」のような、会話の自由演技の時間を生み出しません。

「なぜなのか」とか、「詳細のヒアリング」などにかけていた（かかっていた）膨大な時間が、（上手に創ることで）限りなくゼロにすることができるからです。

それは、時として営業本人もそうですし、インサイドセールスもそうですし、とにかく効率的に「より、迅速に」「より、楽に」会話を行えるようになりますし、会話の中身も一定になるので、個人のトーク力というものへの「依存度」が下がっていくことに直結し、結果として、ベテランが話をしても、新人が話をしても「ほぼ同等」の成果を生み出す事すら可能となります。

弊社の別のお客様の中には、あまりにも会話のスクリプトを簡単にできたことで、一部の電話を外注業者に完全委託し、社内で実施していた時と、ほぼ同等の成果を維持されたお客様もいらっしゃるほどです。

さて、話を戻して、営業組織、営業起点から始まったI社のマーケティング組織は、これらの施策を繰り返しながら、徐々に、当該部署のみならず、各所に認められることとなり、周知展開、全社に拡大していくこととなりました。

営業からしてみれば「自分たちのやっていることが理解できて、数字で評価されて、成果も出てきて、自分たちが欲しい、決まりやすい形でアポイントを生み出してくれるWebサイトと、そこからの商談化~受注プロセスが作られた」訳ですからね。

しかも、それがとても効率が良くて、余計な時間もかからなければ、手間も軽減されるのであれば「多少の生みの苦しみ」くらいは、だれもが簡単に我慢できることでしょう。

なぜなら、その我慢の先にある「一度作ったＷｅｂサイト」は、基本的にクローズさえされなければ、未来永劫、24時間、３６５日稼働し続けるわけでして、それは営業からすれば「非常に優秀な、ミスを犯さないアシスタント」が作られたのと同じ意味を持つからです。

また、「そこから生み出されるリード」の水準（品質）は、常にほぼ一定で、インサイドセールスや営業人員からすれば、相手が「何を求めて」いて、「次に何をしたいのか」も分かっていますし、そこで最終的に投入されるトークスクリプトは、自分たちの最も得意とする「キラーコンテンツ」な訳ですから、高い受注率もまた、発揮・維持できることになります。

このように「営業手動」でマーケティング戦略が「言語化」され、「数値化」され、受注メソッドと言う仕組みが回った時、企業における「デジタルを活用したマーケティング戦略」は、利益貢献にもっとも直接的に影響する「受注までの最短ルート」を通る事が出来るようになります。

その「しくみ」が稼働すればこそ、企業は、より多くの資金、人員を投入し、施策はさらに高度化、そして、多くの広がりを見せることでしょう。

そして、それらの効率化を果たした先に、人員の工数最適化が実現すれば、いわゆる「新しいものの売り方を試してみる」とか、「将来顧客になりそうなお客様に、もっと手前側からアプローチできるようにする」などの、より高度なマーケティングに取り組める世界すら、構築できるようになるのです。

I社でも最終的には、かなり多くの部署が、この「Ｗｅｂサイトを戦略的に活用する受注プロセスの構築」を手掛け、結果、多くの営業担当が、自らが扱う製品と、受注に必要なプロセスを「言語化」。デジタル上のＷｅｂサイトに表現していくこととなりました。

最終的に、I社での、マーケティングへの取り組みは本格的に盛り上がり、同社のマーケティング部は、営業との「良好な関係」を構築しつつ、「売上に寄与」することに成功。

ＤＸを推進する「旗手の部署」として規模を拡大し、本格稼働するに至った訳です。

順調なスタートダッシュを決めた彼らは、自信をつけつつ、より多くの成果を求め、現在は次のフェーズに取り組んでいます。

その協力についても、関連各所（とくに営業）から快諾を頂き、非常にスムーズにプロジェクトを進めているのが、とても印象的です。

I社の事例は「マーケティング部」に留まらない、Ｗｅｂサイトを活用した戦略的受注メソッド、および、それを機能させる「マーケティング組織」構築の好例と言えることでしょう。

さて、ここまでは上手く行っている組織とはどういうものなのか、ということを分かりやすく説明するために、あえて本書の冒頭でI社の事例を紹介しましたが、特に企業におけるマーケティング組織を「営業起点」と言う立ち上げ方をした事例ということもあって、「ずいぶんとイメージと違っていた」と言う方も多いかもしれません。

また、「そんなに上手く行った会社の事例だけを聞いても、うちの営業メンバーでも同じことができるとは、とうてい想像もできない」と言う方も多いことと思います。

ですので、次の章からは、もっと身近な例をあげながら、企業が「営業起点」ではじまり、「組織的マーケティング」で実現する「Ｗｅｂサイト受注プロセスのつくり方」を果たすための、大事な実務とステップについてわかりやすく説明していきます。

成果を出し続けるマーケティング組織とは、単にデジタルのシステムを導入したとか、複雑な指標を管理しているとか、格好いい施策をやっているとか、メディアに掲載されている……などと言った単純な話で上手く行くものではありません。

ましてや、それが「マーケティング部」と言う単一の部署だけで動いている……という事もありえません。

正しい手順を知って、組織全体が、確実に実行に移していくことで、はじめて成果に結びつくのです。

次章から、そのカラクリを解き明かしていきます。

第2章

基本が無い企業の製品サイトが「ハコモノ化」する理由

1、希望に満ち溢れて創られたはずのＷｅｂサイトが、なぜお荷物に成り下がるのか

さて、先ほどの章では「Ｗｅｂサイトを活用した商談化〜受注プロセス」を体現するための、成果を出せるマーケティング組織を自走させるには手順がある、と申し上げました。これを、わかりやすく説明するために、本章ではみなさまに、あるクライアント企業様を例に、順を追って説明させて頂きたいと思います。

ビジネスのデジタル標準化、マーケティング組織の構築〜Ｗｅｂサイトを活用した商談化と受注プロセスを構築・運用されたい企業が陥りがちな、よく耳にする「あるある」が随所に出てくること、成功に至る途上の現在進行形であることなどから、読者のみなさまにとっても身近な話に感じていただき、理解が進むと考えるからです。

某企業のＭさんとの出会いは、ある事業社さまの営業の方からのご紹介でした。

「マーケティング戦略を展開されている中で、やるべきことの整理がつかなくなった

……と言う相談があるのですが……」と言うお問い合わせをいただいたのが、話のはじまりでした。

仲介された営業の方いわく「この組織には、ある程度しっかりしたマーケティング部、インサイドセールス、営業組織が存在しており、今回はマーケティング部からの相談なのですが、どうも、ここにきて成果に伸び悩んでいるそうです」と、こう言うことでした。

ざっくり、その内容を要約すると、

1、自社でマーケティング組織を立ち上げ推進していて、それ相応に成果は出ている。

2、デジタル広告も、リスティング（Ｇｏｏｇｌｅなどの検索結果に出る文章型の）広告などに、相応の予算を出しており、代理店運用もできている。件数も積み上げられている。

3、しかし、ある程度の水準に達して、会社の、マーケティング、営業領域におけるＤＸ推進の意向で、予算がさらに強化されはじめた局面あたりから、どうにも業務量や施策の労力と、成果が比例しなくなってきた。施策の断捨離なども必要かもしれないが、なまじいろいろやっているので、なにをどう、改善していくべきなのかが見えない。

と言う趣旨のものでした。

実はこの手の「やり切った先に、さあ困ったぞ」みたいな相談は、最近増加傾向にあります。

私はこの内容を拝読して、すぐに「ああ、たぶん。あの問題が起きているのだろうなあ……」と、感じるものがあったので、とりあえず「1時間ほど、責任者の方と会って、話を聞きますよ」と、取り次いでもらう事にしました。

さて、面談の当日。

責任者のMさんが登場し、自社の組織と、マーケティング、プロモーションについてざっくり解説。ひとしきり話をされました。

「と言うことで、概ねここまでは順調にデジタルマーケティングを展開してきたのですが、このタイミングで徐々に伸び悩んでまいりまして……」と、投げかけられたのですが、そこで、私の方から、説明を聞きながら気になっていた質問をさせて頂きました。

「なるほど。しかし、守備範囲が広いですね。Ｗｅｂ広告に、リアルセミナー、紙媒体に展示会、ブログにメールマガジン、ＳＮＳ、そして製品のプロモーションＷｅｂサイト……。これだけの範囲を担当されるとなると、リード（資料請求などの中身）の種類は、多いのですか？」

Ｍさんは一瞬、「え？」という反応をされましたが、

「いや、数が増えすぎると流石にマズいと思いますので、ある程度は、同じ資料を配布しておりまして……ただ、最近は、少しずつ提供する資料の種類も増やしているのですが」

ある程度は使いまわしている事を少し申し訳なさそうに、答えるＭさん。

こちらは、気にせずに、続けて質問をします。

「なるほど。では、その資料をダウンロード頂くわけですが、ダウンロードされた後は、インサイドセールスの部隊や、営業部隊が、同じように架電をする運営体制な訳ですよね」

「はい、それは、そうなっていますね」

「しかし、どうでしょう。こんな感じで、基本的な資料は一緒で、引き合いの数だけを伸ばしたとなると、最近は、これまでの様に営業の方々に稼働頂くのも苦労されているのではないですか？」

と、ここまで質問をすると、Mさんの顔が、やはり曇り始めます。

「お恥ずかしながら……、実は、先生のおっしゃる通り、リードの件数を伸ばすために、いろいろ手を出した結果、アポイントの方に影響が出ているみたいでして……。一部の施策については、そもそも『資料請求が、取りっぱなしで、荷電は手つかず』みたいな状態になっていまして……」

と、言うことで、続けて質問をします。

「なるほど。それで、今度は、このブログのページのように、話題や資料を増やしてみたけど、そちらでは、今度は、受注につながるようなアポが、全然取れないと……」

「え、先生は、そんなことまでＷｅｂサイトを拝見されただけでわかってしまうんですか⁉」

実は、これ。ある程度の施策をやり切っている企業が、最後に行きついてしまう「袋小路」です。マーケティングを多角的に展開されている（と、世間的に思われている、あるいは自認している）多くの企業ですら発生している、「かなり根の深い問題」だったりします。

このケースが発生している企業では、残念なことに営業組織と、マーケティング組織の信頼関係は「あまり良好とはいえない」ケースがほとんどです。良く「マーケティングと営業は喧嘩をしやすい」と言いますが、大半は、まさにこれから説明させて頂く状態に陥っています。

タチの悪いところは、この問題は顕在化していても、「当事者が、その解決策を知らない」ケースがほとんどだと言うことです。そして、これは「本人（マーケティング部）だけの問題」とも、言い切れる問題ではないのです。

マーケティング部にいる本人たちは「自分たちは一生懸命やっている」と考えているのに、営業サイドや、アポイントを構築するインサイドセールスからすると、むしろ真逆の評価を受けていて「あいつらマジで何をやっているんだ」と、怒りを買っていたり、「あいつら使えない」と、レッテルを貼られているケースが珍しくない本件。

実は、こういう問題が発生する大前提、Ｗｅｂサイトを活用した受注拡大フェーズで発生する本件の厄介なところは、「はじめた当初は、誰が何をやっても、ある程度までなら上手く行ってしまうこと」にあります。

理屈は非常に簡単で、「やっていないことを始めた瞬間」なら、数字を上げる事は難しくないからです。

ところが、多くの企業で、そういう施策に対して「なぜ、上手く行ったのか」が、きちんと特定されているケースは、稀です。

きちんとした理由が特定できないまま、時代の流れもあって「なんだ、デジタル推進、弊社でもいけそうじゃないか」と言う機運が高まってしまう。

そして、時代の流れもあって、より多くの人員やコストを投下、広告代理店や、個別施策の専門家などから、「目先の施策」に対するアドバイスやサポートをもらいながら、本格的な船出をしてしまうのです。

そうやって、数々の提案を受け、様々な「有効」とされる手段に手を出し、リードを最大化していった……はずなのに、結局は、その果てに、冒頭の状況、いわゆる「ハコモノ化」に（本人的には）「いつのまにか」陥るのです。

読者の皆様の企業がこの状況に陥っているのか、そうではないのか？　判断するのは簡単です。

それは、**「皆様は、代理店や、制作会社、コンサルタントなどから「これはやった方が良いですよ！」と、提案を受けた際に、『それが本当に自社のためになるのか』を、確信を持ちながら、是非の判断ができますか？」と言う、ただココに尽きるのです。**

勘違いしないで頂きたいのは、この質問は、皆様の「マーケティングに対するリテラシーを問うものでは、断じてない」……という事です。

たとえば、それは「私は、君のためを思って、あの人との結婚を勧めている」と言う身内などの発言に似ています。

「君のためを思って」と言うのは、様々な立場の人が、さまざまなケースで述べる言葉ですが、それが本当に「自分にとっての正解なのか？」を判断するのは、「あなたの価値観」によるものであり、（この場合）「相手のステータス」だけで、決まる話では、ありません。自分に確固たる価値観があればこそ、「その人物は、社会的に成功者で、人格者でもあるから素晴らしい＝結婚する」……というシンプルな構図には、必ずしもならないという事です。

ですから、話を戻すと、代理店や、制作会社、コンサルタントなどから「貴社のためです」と、本心から思われて提案を受けた時でも、自社が「どんな考え方で、どんなお客様を狙って、獲得施策を展開しているのか。自社のリソースの状況を鑑みて、次に（あるいは将来）何をしたいのか？」、と言う戦略の「意図」さえ、自覚できてさえいれば、そこは、リテラシーの有無を差し置いても、確固たる意志を持った、是々非々の判断が出来るはずなのです。

Mさんの企業でも同じことが起きていないか確認するため、簡単な質問を続けます。

「あらためて、確認させて頂きたいのですが、これらの資料請求は、一律にインサイドセールスや営業の方々にお渡しされているんですよね」

「はい、もちろん、そうです。そういう役割分担ですから」

「では、お伺いするのですが、**これらのすべての資料請求が発生している『理由』、たとえば、お客様が、何を求めているのか？　次に何をしたいのか？という情報は、一緒に伝えてあげていますかね？　きっと、営業組織は、そういうマーケティング部の『意図』が知りたいと思うのですが……**」

ここで、完全に言葉に詰まるMさん。

状況は完全につかめたので、ここで助け舟を出します。

「貴社で、いま何が起こっているのか、そして、いま何をすべきなのかは、分かりました。

実はですね。営業の方に動いて頂くためにマーケティング部が出来ることは、M様自身が、すべての施策において『リードが発生した理由と、次に顧客が求めている事』を明確にし、リードを引き渡す側の責任として、出来ればトークスクリプトまで用意してあげることです。

そうやって、『営業が働きやすい、成果が最大化できる環境』を作ってあげる。そうじゃなければ、そもそも、その引き合いを『受け取る』営業の方も『こんなものを渡されても、何を話したら良いのかが分からない！』と、丸投げされたような気分になってしまいますからね。

さて、もしよろしければ、まずは組織の中から、改革を始めてみませんか？」

２、絶対に知らなくてはいけない、戦略的なＷｅｂサイトが持つ「プロセス設計」

・「受注にいたるプロセス」を生むための「ステップ設計」

さて、Ｍさんの会社で何が起こっていたのか？　なぜ、Ｍさんの会社は「ビジネスのデジタル化」に行き詰まってしまったのか？　みなさまは、その原因と、解決方法を、どう考えますでしょうか。

それを理解するためにも「現代型のビジネス」で引き合いを作るために欠かせない「Ｗｅｂサイトの受注プロセス」について、まずはお話をさせてください。

次ページ図は、いわゆる「現代型ビジネス」を成立させるための「Ｗｅｂサイトを活用した受注プロセス」を可視化した図です。各々の動きを理解していただくために、私が考案いたしました。

上から見ていき、下に流れるほど、ユーザーの理解が進み、グレーの破線を超えたところで、バトンが「Ｗｅｂサイト（マーケティング部）」から、「営業組織」に引き継がれる……という構図になっています。

企業にタブレット端末を一括納入するビジネス

	Aさん	Bさん	Cさん	Dさん
【きっかけ】お客様は「何に」困っているのか	水場で良く使う	低速	アプリが使えない	スマホが重い
自社が提供できる「価値」	防水性	高速通信	高機能	軽量
具体的な事例エビデンス	耐水試験	時間比較	処理速度	重さ比較

もっと知りたい

Webサイトのゴール設定

商談で話したいこと	詳細な試験データ	実測テスト	実機の持ち込み	サンプル送付

自社製品であるべき理由	4機能すべてを備えているのは自社だけ
あなたならどうなるのか？	導入シミュレーション／見積もりを作成

例では、「企業にタブレット端末を一括納入するビジネス」と言うのを仮で作り、それぞれの営業パーソン（A～Dさん）のコメントを元にストーリーを構築した……と仮定してみました。

さて、この場合は４人それぞれのストーリーが存在し、「引き合いのつくり方」が４種類あると、想定してみましょう。それぞれのＷｅｂサイト（あるいは、個別の製品プロモーションページ）で解説する内容について紹介していきます。

Aさん↓防水性の良さを商談のメインテーマにしたい。自分は特に水辺で仕事をする企業を担当しているので、詳細なデータを見せることで耐水性をアピールし、受注につなげたい。

Bさん↓ビジネスにおいてファイルのやり取りが増えている業界を担当しているので、データの通信速度について話すことで優位性を伝えたい。通信速度は、環境や場所によって変わってしまうので、自社の売りでもある「実測テスト」を提供し、受注につなげたい。

Cさん↓主に高機能なアプリを入れている企業に対し、処理速度の向上を訴えたい。担当業界的に独自のセキュリティソフトを常駐させることを希望する企業が多いので、実機を持ち込んで実際にインストールしてもらい、性能を体感いただくことで受注につなげたい。

Dさん↓大画面なのに、軽量なことを評価いただきたい。移動が多い女性の職場を担当することが多いので、軽さが武器になる。ここをフックに受注を狙いたい。

これらは、あくまでも仮で作ったビジネスと、受注プロセス案なので、あくまでもイメージ的なものとして捉えてください。当然、複数の価値についての話をしていくような獲得アクションもあると思いますが、こうして区分けをすると特徴が際立つため、理解しやすく区分しています。

もちろん、単なる区分けをしたいがために、このような区分けをしたわけではございません。「Ｗｅｂサイトを戦略的に活用した受注プロセス」を自在に操るために、非常に重要な区分けなので補足します。

たとえば、「Ａさん」が作りたい商談は「防水性」を活かした商談です。水場で使われる業務用タブレット端末という事で、他社のものより優れていることを伝えるため、商談の席では「耐水試験のデータを開示した、競合との比較表」を見せたいと考えていたとしましょう（図で言うと、黒く塗りつぶした囲みの部分ですね）。

さて、そうなると、基本的に「Ｗｅｂサイト上で表現しても良い、情報の範囲」と言うのは、「防水性に優れています！」と言う事実「まで」となります。

もし、ここで競合との比較表を開示するようなことを（出来たとして）やってしまうと、仮に資料請求を貰ったとしても「商談の席で話すべきこと」が、「もう、存在しません」。

そうなると、Ａさんは商談の話題作りに困ってしまうことになります。

Ｂさんの「高速通信の安定性」で商談を起こす軸はどうでしょうか。商談でＢさんが「やりたいこと」は、実機を持ち込んで「通信速度のテストを行うこと」です。

そうなるとＢさんの話の場合は、Ａさんの防水性の話と違い、逆に「一定のデータ数値を開示してあげること」が重要と言えそうです。つまり、Ｂさんの商談は、Ａさんの用意しているそれよりも「事前に、一歩踏み込んでいる」んですね。だから、Ｗｅｂサイト上における情報の開示量は、必然的にＡさんのストーリーよりも多くなります。

Ｃさんのケースの場合はどうでしょうか。「実機の持ち込み」な訳ですから、Ｂさんのケースよりも、コミュニケーションの深さはさらに深くなりそうです。データの開示は勿論のこと、サンプル端末を持ち込んでも、情報はまだ足りません。

実機を持ち込み、お客様が実際に使っているアプリケーションをインストールし、目の前で操作してもらう……くらいの事は考えるでしょう。そうなるとＷｅｂサイトで掲載すべき情報は、（方向性の違いこそありこそすれ）Ａさんや、Ｂさんよりも詳しい情報を掲載したうえで「だからこそ、次は貴社のアプリを入れて動かしてみませんか？」という展開になりそうです。

Ｄさんはどうでしょうか。

実は、Ｄさんのパターンは、もっとも「Ｗｅｂサイト上」で説明することが簡単そうにみえて、「表現の工夫」のやり甲斐があるものとなっています。たとえば、単純に計測単位を並べるよりも、「Ａ４サイズなのに、スマホより軽い」などと、キャッチコピーにすることで「それは軽そうだ」と言う印象を与えることが容易になっていきます。

「Ｗｅｂサイトのゴール設定」においては、サンプルを送付……とありますが、これも実機である必要はありません。同サイズで、重さだけが同じモック（原寸大の模型）を送ってもいいわけですから、Ｄさんの商談づくりの腕の見せどころでもあります。

さて、今回は４人の営業担当の「現場」をもとに、４パターンのストーリーを構築して、それをＷｅｂ上の情報として整理してみたのですが、皆様は、もうお気づきになったでしょうか？

そう、実はこの４人は「同じ商品」を売っているのに、「違う売り方」をしているのみならず、商談を形成するための「プロセスそのもの」も、違うんですね。

もし、仮に、Ｗｅｂサイトで設定しているゴールが、これら営業の在り方を全く考慮していない「資料請求だけ」だったら、せいぜいＢさんくらいしか、望み通りの展開を生み出せない事でしょう。

その資料請求にしてみたって、資料の内容が「通信の安定性」でなければならない訳ですから、「資料さえ、載せておけばいい」とは、なる訳がありません。

だからこそ、本書の最初からお伝えしている通り、これらを「再現したい」と思うのなら、Ｗｅｂサイトにおけるストーリー設計は、かならず「営業起点」から始まらないといけません。

彼らが、自分たちの得意な「商談」を起こすために、どのような「引き合い」を作ってほしいのか？　それを体現するＷｅｂサイトの情報量、情報の質、双方がコントロールされる事で、はじめて、「受注プロセス」もまた、機能するのです。

・Mさんの企業で起きていた根本的な問題とは

さて、先に述べたMさんの企業でも同じような状況が発生していました。

Mさんの会社の製品・サービスを紹介している「Ｗｅｂサイト」では、「そもそも、何を前面に押し出すのか？」と言う整理が、営業部と、マーケティング部の間で出来ていませんでした。

ですので、本書の冒頭でまさに紹介したような、「とりあえず、必要そうな情報は全て載せておこう」と言うようなことをしてしまい、しかも、申し込みフォームも「とりあえず作るのが面倒だから、１つに集約しておこう」としてしまったのです。

あえて、その内容を図で示してみると、おそらく次項の図のような整理になる事でしょう。

さて、Mさんの会社の実際のビジネスは、タブレット端末の納入ビジネスではありませんが、状況としては非常に、次項で掲載している挿絵に近いものとなっています。

企業にタブレット端末を一括納入するビジネス
Aさん
Bさん
Cさん
Dさん
【きっかけ】
お客様は「何に」
困っているのか
水場で
良く使う
低速
アプリが
使えない
スマホが
重い
自社が提供できる
「価値」
防水性
高速通信
高機能
軽量
具体的な事例
エビデンス
耐水試験
時間比較
処理速度
重さ比較
状態・理解度が不明
「まずは、資料をダウンロード」
問い合わせフォームが一緒で、分析もできない状態だと……
商談で
話したいこと
なぜ、興味を持ったのかが不明
詳細な
試験
データ
実測
テスト
実機の
持ち込み
サンプル
送付
自社製品で
あるべき理由
4機能すべてを備えているのは自社だけ
あなたなら
どうなるのか？
導入シミュレーション／見積もりを作成

注目してほしいポイントは、Ｗｅｂサイトの引き合いを獲得した「成果」と、「営業の開始」の間に、見込み顧客との「コミュニケーションの断絶が発生している」……と言う部分です。

せっかく、ユーザーが情報を閲覧し、貴社に問い合わせをしてきたのに、貴社の営業サイドにはそれにすぐに対応できる「体制」と「商談化のプロセス」がありません。

ですから、折り返しの電話は、「何のために、資料を請求いただけたか、お聞かせ願えますか？」と、受け手からすると、まるで「何の御用でしょうか？」と聞かれたばかりの対応が発生し、「あ、いや、大丈夫です」と、話が切られてしまうのです。

また、仮に架電が上手く通って、話を聞きだせたとしても、「ではさっそく、何にご興味を持たれたのかを、教えてください！」と、相手に沢山しゃべらせる事を強いることになってしまいます。これでは、時間の無い人は「あ、いま忙しいので……」と電話を切ってしまうことになるでしょう。

それでは、とうてい、「スムーズな受注プロセス」とは言えません。そもそも、それだと１本の電話をしている時間も長くなりますし、仮に会話を減らして「手早く」提案できる場をつくったとしても、今度は「商談で何を会話すべきか」が分かりません。

試験データのプリントアウトを持参すべきなのか、モックを持っていくのか、テスト端末を持って速度を計測するのか、あるいは、先方のアプリを入れるために実機を持ち込まねばならないのか。

仮に、すべての起こり得るケースに対応するために、担当営業にすべての販促ツールを持たせたとして、それでは営業行為そのものに、時間にせよ、コストにせよ、「多大なる無駄」が発生してしまう事になります。酷いケースになると「1回目は、挨拶とヒアリングで終わってしまった」という事すら起こりえます。

このように、たった1つ、Ｗｅｂサイトという「入口の在り方」をうまく作れないだけで、後ろの工程にドンドンと負荷がかかるのが、フロントエンドに立っている「マーケティング部署」自身が見えていない、現場（後ろの組織）への、「影響力」と、「責任」なのです。

それを理解しないまま、「どうしてこんなにたくさんの引き合いを渡しているのに、営業組織は受注できないのか」と言いだしてしまえば、商談を作る営業サイドからすれば「何を言っているのだ、おまえは」となるのは必然と言えることでしょう。

企業の商談が必要なビジネスにおける「Ｗｅｂサイトの戦略的運用」にあたっては、本書は特に「営業起点」という在り方を重要視しています。

その理由は、ココまで説明させて頂いた通り、組織間の連携なしに、「受注プロセス」は機能しないからこそ、そう述べ続けているのです。

・戦略的Ｗｅｂサイトに「絶対的なマスターピース」が存在しない理由

さて、ここまで見て頂いたことで、企業の製品・サービスにおける、Ｗｅｂサイトの戦略展開、そして、そこからの「受注プロセス」を構築するためには、なによりも「営業起点」と言う考え方が重要であると言うことが、だんだんとご理解頂けてきているかと思います。

しかし、「Ｗｅｂサイト」を活用したときの素晴らしい特徴は、ココに終わる事はありません。

Ｗｅｂサイトは、「受注プロセスの改善」をも容易に生み出します。

それが、成果ポイントを前後に動かす「ラダー（はしご）」の考え方です。

つまり、Ｗｅｂサイトは、その後に発生する「受注プロセス」からのフィードバックを通じて、さらに改善・改定していくことができるのです。具体的に、説明させていただくために、まずは次の図をご確認ください。

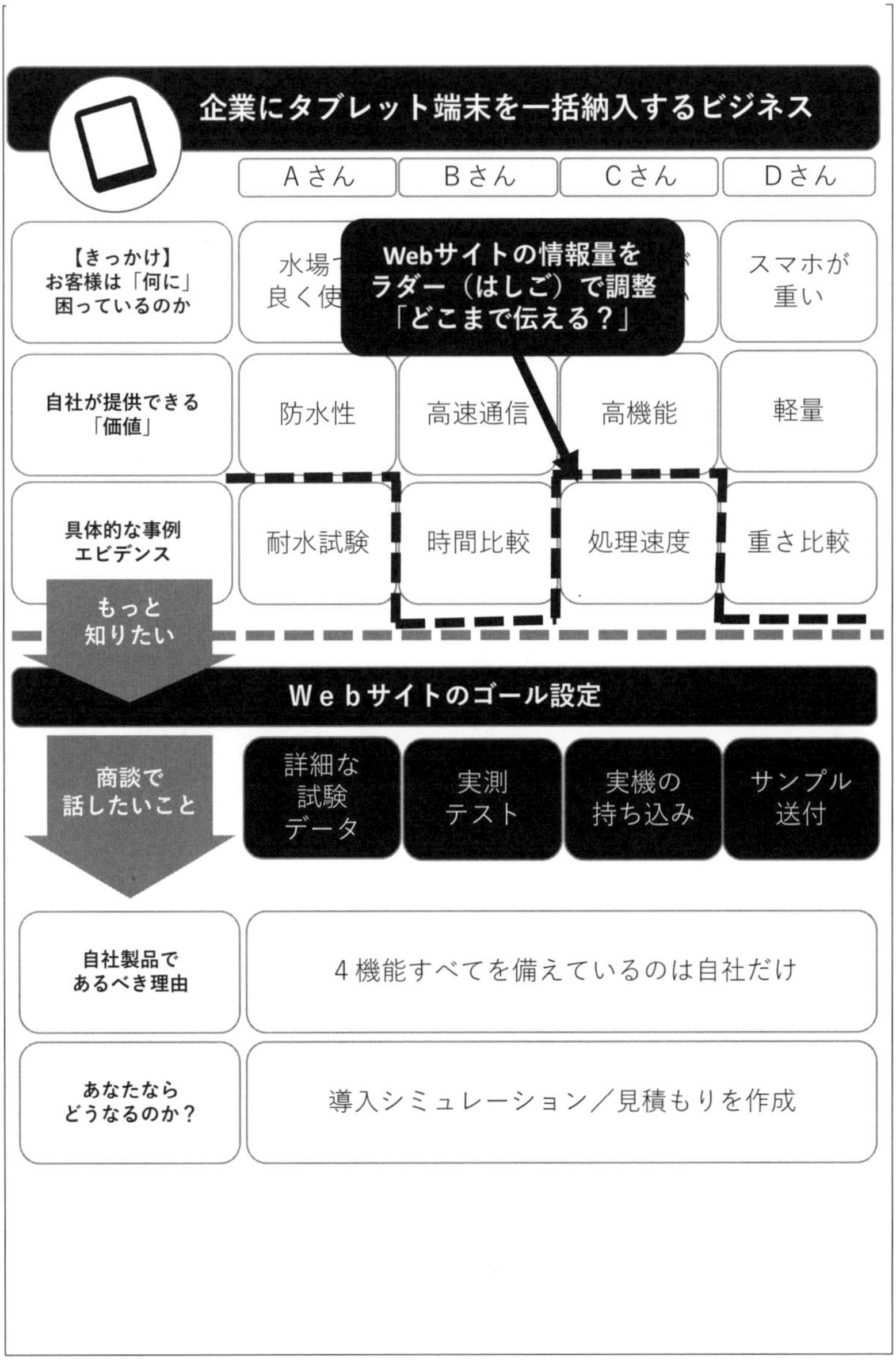
企業にタブレット端末を一括納入するビジネス
Aさん
Bさん
Cさん
Dさん
【きっかけ】
お客様は「何に」
困っているのか
水場
良く使
スマホが
重い
Webサイトの情報量を
ラダー（はしご）で調整
「どこまで伝える？」
自社が提供できる
「価値」
防水性
高速通信
高機能
軽量
具体的な事例
エビデンス
耐水試験
時間比較
処理速度
重さ比較
もっと
知りたい
Webサイトのゴール設定
商談で
話したいこと
詳細な
試験
データ
実測
テスト
実機の
持ち込み
サンプル
送付
自社製品で
あるべき理由
４機能すべてを備えているのは自社だけ
あなたなら
どうなるのか？
導入シミュレーション／見積もりを作成

この図は、先ほどタブレット端末を、事業社に売るためにA～Dさんが考えていた、「受注プロセス」について、Ｗｅｂサイトの情報量の「調整」を行ったものです。

調整の内容を解説すると、Ａさんの施策については、

Ｗｅｂサイトで生み出した引き合いに「詳細な試験データ」を持ち込む段階では、高い確率で商談に持ち込むことが出来た。しかし、それだと件数が伸び悩んでいた。

その課題を解決するため、「もう少し興味づけをしている段階」のユーザー（つまり、見込みの確度がこれよりも少し落ちるユーザー）に対して、アプローチをかけられないか？を、マーケティング部と検討することにした……というものでした。

そこで、Ｗｅｂサイトの成果ポイント（段階）を一段調整。結果的に、「防水性をアピールするために、耐水試験の結果をＷｅｂサイト上に掲載していた」のを、「防水性は優れていることは言うが、その試験結果は資料で案内する」と言うプロセスに変更することにしました。それにより、引き合いの件数が増えないか？　を検討することにした訳ですね。

それでは、Ｃさんの施策については、どうでしょう。

こちらは、「高機能性を開示した後に、処理速度のデータもＷｅｂ上に掲載していたが、いきなり実機を持ち込んで商談をするとなると、確度は非常に優れる一方、相当に見込顧客の数が減ることがわかった」と、Ａさんと同様の問題が発生していました。

そこで、これも成果ポイントを一段階調整。「処理速度についてのデータ」をまずはダウンロードいただくことで、電話でフォロー。中長期的にも商談を「育てる」と言うアクションを試すことにした。というものでした。

これらの「改修案」は、どのようにして生まれたのかと言うと、それは、マーケティングサイドの「成果」を見て決められたものでは無く、その後の「受注プロセス」と、そのフィードバックに着目しているからこそ、考察された改善案です。

ところで、余談となりますが、これらの改善策について、マーケティング組織を「部」と言う単位で考えた時、「自部署主導で変えること」は非常に困難と言えるでしょう。

なぜなら、この施策の改定によってマーケティング部にもたらされるものは、「リード数の増減」であって（この場合は増えるので、実施される可能性があり得るとしても）逆の動き（つまり、リードが減って、受注率が上がるような改定案）は、マーケティング部内からは嫌われるからです。

理由は簡単です。

少し情けない話ですが、それは、マーケティング「部」のＫＰＩ（部署としての目標、あるいは評価対象）が、「資料請求（リード）の件数」であるケースがほとんどだからです。

そういった目標（ルール）に縛られた組織は、「ひとつの部署」として考えた時、この改善策を起案はおろか、そもそも思いつくことすら、できなくさせてしまうのです。

また、仮にマーケティング部内がその辺りについて「フレキシブル」に考えられる優秀な組織だったとしても、変更に伴う「受注プロセス」における後工程、つまり、インサイドセールスや、営業部隊との連携が取れなければ、やはりこの施策は「やる前から、失敗に終わる」ことでしょう。

なぜなら、Ｗｅｂサイトの設計を、別の組織の合意なしに「加える」「減らす」「描きかえる」という一連のアクションは、そのすべてが、それ以降の工程の「仕事の在り方（たとえば、トークスクリプトや、営業時に持ち込む手持ち資料、商談の内容など）」に甚大な影響を及ぼすからです。

別組織との合意形成をスムーズに行うためには、そもそもの「信頼関係」は必須であり、「マーケティング部が考えた戦略を、後ろの工程は、ただ実施しておけばいい」という姿勢、態度では、到底組織全体の「受注プロセス」は改善の方向を向きません。

「これなら受注が取れるかも。もっと良くするために、チャレンジして、試してみよう」

そんな意志の連携が、部署間でスムーズにされる事で、この一見、小さく見える、大きな修正は、はじめて実行に移されるのです。

さて、話を元に戻します。

そんな施策を通じて、それぞれに「一定の成果」が出てきたとしましょう。

施策を変化させ、検証をするには、並走させながら検証を進める「ＡＢテスト」や、施策の前後の数値を「比較する」と言う考え方がありますが、もともと、「何をしていて、何を変えて、どこが変わるのか」が分かっていれば、いずれにせよ、これらの検証は難しいことではありません（これも、一定の「設計、計測の作法」を理解していれば、誰もが実施できる動きです）。

という事で、結果が出たとしましょう。

Ｃさんの施策では、「確かに狙い通り、コミュニケーションを手前側に置くことで、引き合いの数が増えた。端末を持ち込まなくても受注できるお客様が出現し、よりスムーズに商談を勧めつつ、中長期的な検討層が増え、アポイント数という「分母」も増やすことが出来た。

と言う結果が出せたとします（よかったですね）。

一方で、Ａさんの方の施策は、あまり上手く行かなかったとしましょう。

内容はこうでした。

Ｗｅｂサイトに掲載された「情報量」が減ったことで、そもそものユーザーの「興味」が減ったようで、自社のＷｅｂサイトに訪問した人間のうち、資料を請求してくれる人の数（コンバージョン数）と、その確率（コンバージョンレート）が、減ってしまった。

このような事実が前後比で見えた結果、Ａさんの施策は、「やはり、問い合わせを頂く段階までには、一回耐水試験で優秀な数字が出ている事実までは伝えないと、商談にはならないのだな」と言う、実績・事実・経験が、組織に対して「学習・蓄積」されることとなりました。

さて、この結果を受けて、Ｗｅｂサイトは「何をすべきか」と言うと、話は簡単です。

「Ｗｅｂサイトを修正前の状態に戻せばいい」だけです。

Ｗｅｂサイトの柔軟なところはここで、

「情報量が足りないなら足せばいいし、多すぎるのなら減らせばいい」と言う至極真っ当なコミュニケーションができること。

つまり、「情報の質と、情報量の調整」を繰り返していくことで、商談前、あるいは資料の請求時におけるユーザーの「期待値」をコントロールし、それを、中長期的に貴社にとって筋の良い「受注プロセス」に反映させていけるのです。

その経験は、今後の施策を考えるためにも、重要な役割を果たすことになります。

なぜなら、「チャレンジをして、失敗をした組織」には、「過去の施策を展開した理由と、その結果」が蓄積されていくからです。たとえば、去年の今頃に何をしていた。このプロモーションにおける行動は、ここまでやっていた。前任者は、このような施策を、こういう意図でやっていた、など時間、人間、内容についての記録がすべて残ります。

だからこそ、

「もう、同じ轍は踏まない」

と、どんどん筋が良いマーケティング施策が作れるようになっていくんですね。

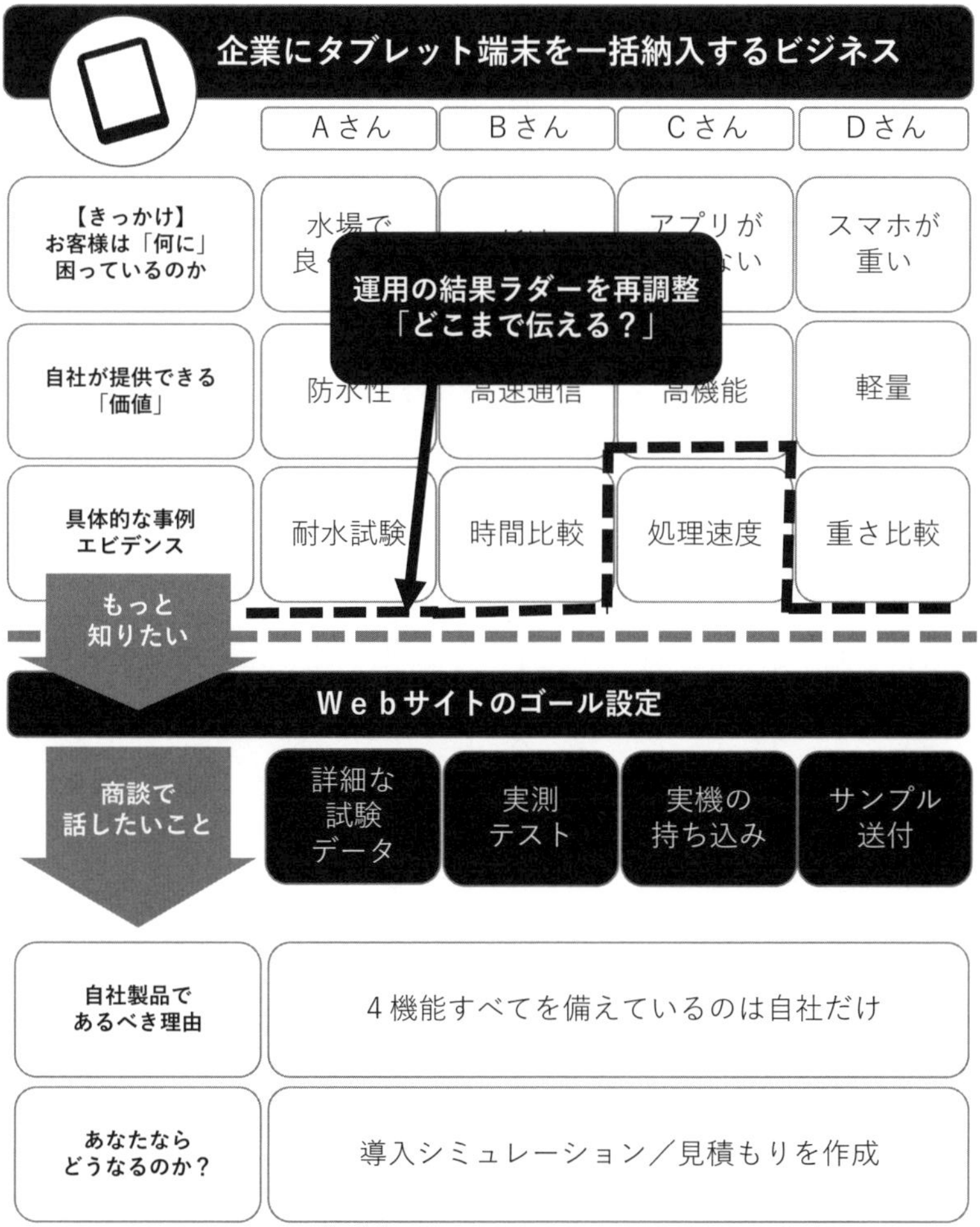

企業にタブレット端末を一括納入するビジネス
Aさん
Bさん
Cさん
Dさん
【きっかけ】
お客様は「何に」
困っているのか
水場で
アプリが
スマホが
重い
運用の結果ラダーを再調整
「どこまで伝える？」
自社が提供できる
「価値」
防水性
高速通信
高機能
軽量
具体的な事例
エビデンス
耐水試験
時間比較
処理速度
重さ比較
もっと
知りたい
Webサイトのゴール設定
商談で
話したいこと
詳細な
試験
データ
実測
テスト
実機の
持ち込み
サンプル
送付
自社製品で
あるべき理由
4機能すべてを備えているのは自社だけ
あなたなら
どうなるのか？
導入シミュレーション／見積もりを作成

ただし、くれぐれもこの「戻す」際も、部署間の連携を忘れず、トークスクリプトや、商談内容、手持ち資料に至るまで、「コミュニケーションが破綻していないか？」を、忘れずに再確認するようにしてください。

私が、本章の初めに、Mさんに、

〝営業の方に動いて頂くためにマーケティング部が出来ることは、M様自身が、すべての施策において『リードが発生した理由と、次に顧客が求めている事』を明確にし、リードを引き渡す側の責任として、出来ればトークスクリプトまで用意してあげることです。〟

と、わざわざ述べていたのはまさにこれが理由です。

「営業起点」ではじまり「組織的マーケティング」で実現する「Ｗｅｂサイトからの戦略的な受注プロセス」をつくるには、この、ともすれば「部署と部署の間に落ちそうになっているボール」をマーケティング組織が率先して拾ってあげることこそが、必要かつ、重要なアクションなのです。

それは、つまり、最初から「企業の中でもこんな簡単に変化していくものだからこそ、これさえやれば大丈夫、のような絶対的なマスターピースなど、存在するわけが無い」という事です。

3. 戦略的Webサイトが、貴社の「ビジネスの在り方」を変える

・「業界あるある」と、Mさんの企業が「具体的に」果たすべきこと

ところで、マーケティング部が、自社の体制を構築したり、業績を飛躍させるフェーズで、マーケティング施策の展開について手段を調べると、みなさまは様々な「ノウハウ」を、書店やセミナー、Ｗｅｂの記事などで目にする事があると思います。サービスベンダーや、一部の専門サイトなどの広告記事で取り上げられ、あるいはセミナーなどで事例として紹介されている「これさえやれば大丈夫」と、思わせるような取り組みの数々です。

「あの有名な」「最先端の」「話題の」……そう言った文言が踊るのを見たとき、みなさまは、なんとなく「すごいなあ」と、感じ、「うちもこの施策をやれば……」と興味を惹かれると思います。

中には、「こんな面倒くさい、営業組織とのやり取りをしなくても、こういう外部の成功事例をそのまま使えばいいのではないか？」……そう、思ってしまう、マーケティング担当の方もいるかもしれません。

しかし、ちょっと待ってください。少し冷静に、あらためて考えてほしいのです。「じゃあ、この紹介されている企業は、結局、業績が伸びているのだっけ？」と。

※この解説の部分は、特に昨今のマーケティング領域で非常に良くおこる「間違い・勘違い」なので前著でも記していた部分なのですが、本当に「頻出」することなので、あえて、改めて掲載・紹介させて頂きます。

実は、売主やメディアが主催するものの中身をよく読みこんでみると、「取り組み」や「主張」については、話題にしていても「成果」についてはさして触れていない……と言うことは、さほど珍しいことではありません。

特に、その成果ポイントが「売上寄与」という軸になるとなおさらです（ちなみに、「これで売り上げが上がりそうです！」と言う「個人の感想」や「個人の期待」が書いてあっても、「実際に上がった」と言う事実は書いてない事などもざらです）。

そもそも、どんな商売でも「お金をたくさん使えば、売主から歓迎される」のは当然です。「広告主＝購入者」は上客な訳ですし、それは売主にとって、都合の良い事例になるからです。

しかし、そういう事業者の創り出す「クライアントの売上に寄与しているのか？」すら、良くわからない「成功（実際は、採用、または取り組み）事例」とやらを聞いて、そもそも、みなさまは、感銘を受けたり、焦りを覚える必要はあるのかというと、ここは冷静になりたい所です。

また、仮に、その事例が「儲かっている」と言う事実を確認できたとしても、これまでのお話しの中でお伝えした通り、１００社あれば、１００通りの「Ｗｅｂサイトの戦略と、受注プロセスが存在し、それに伴う組織も併せて１００通り存在すること」が、基本中の基本となります。

つまり、「その、事例になった会社が出来たこと」が、ヒト・モノ・カネ、もっと言うと企業文化や営業力、営業手法、営業の組織構造までもが違う、「貴社でも再現できるのか？」と言うと、これはまた「別の話」のはずなのです。

誤解を恐れずハッキリ言うと、自社におけるＷｅｂサイト戦略を、営業フェーズでの「受注プロセスの現実」を理解し、主体的に正しい目的・目標を持って、自社の「商談化～受注プロセスの最適化」および、売上最大化を目指すために取り入れるのなら、それは「ビジネスのデジタル化」を真に推進できている企業のする行為です。

しかし、逆に、小手先の「やった感」を出すために、あるいは「著名人が推薦しているから」「話題性があるから」と、売上寄与や、受注プロセスへの影響もろくすっぽ考えず、場当たり的に予算を突っ込んでいるのなら、それは、ただの「デジタル業界の、広告会社のお得意様」の企業の行動に他なりません。

この2社の決定的な違いは何か？

それこそが、同じ施策に取り組んでいても、Ｗｅｂサイトで活動することが「目的」と

なっている企業と、Ｗｅｂサイトの先にある「受注プロセス」まで踏み込んで活動するための「手段」となっている企業の違いなのです。

そして、この2社がもたらす成果が、一見して同様に見えて、実は、結果の局面では大きな差を生み出すことは疑いありません。**「やった時点で、満足している」企業が、「やることは手段で、結果（受注）を、その先に見据えて戦略を構築している」企業と、同じ行動を取れるわけがないのです。**

貴社は、話題の（あるいは最先端の）展開を行い、その取り組みが売主や、その取り巻きに賞賛される、マーケティング（もどき）の施策を実施するべきなのでしょうか。

それとも、外部からの注目が薄くても、自社の売上に寄与し、営業組織や、インサイドセールスから感謝され、利益に貢献できる「強い受注プロセス」を構築出来るマーケティングを目指すべきなのでしょうか。

その答えは、言わずもがなのはずです。

・成果の出せるマーケティング組織とは、単一の部署ではありえない

さて、それでは「Ｗｅｂサイトを戦略的に活用して受注プロセスが構築、展開できる、強いマーケティング組織」とは、具体的には、どのようなものなのでしょうか。

そこについて、もう少しだけ、最初の図を掘り下げてみましょう。

Ａ～Ｄさんが構築した、すべての「Ｗｅｂサイトを戦略的に活用する商談化～受注プロセス」が「完全に機能する」状態。

それは、

①　Ａ～Ｄさんの作り上げた個別のストーリーを正しく「設計」と「計測」で比較検討し、良い成果を特定。結果を組織全体にフィードバックして、Ａ～Ｄさんが生み出すストーリーを投資対効果とセットで「受注プロセス」という「しくみ」にするのみならず、

②　Ａ～Ｄさんの訴求内容を組み合わせ、ターゲットに併せて、適宜最適な、もっとも成果を生み出すためのコミュニケーションを選定。以降は、相手やタイミングによって、Ｗｅｂサイト誘導の使い分け（最適化）をできるようになることです。

②の形の運用を成立させるためには、そもそも、当初あったＡ～Ｄさんら営業パーソンが作り出した「商談化～受注プロセス」を展開した際、最終的な売上への寄与度をデジタ

ル化を通じて「数値化」していく必要があります。

それは、施策ごとの評価（結果）を比較しながら、インサイドセールスや営業組織に、フィードバックを行い、もらい、「成果や、今後の在りようをすり合わせる」作業です。

そこから得られた情報を検討し、より良い魅せ方、より良いトークスクリプトなどを構築しながら、新しいチャレンジも取り入れていく……そうすることで、「Ｗｅｂサイト」を活用した「受注戦略」は貴社だけの、模倣が困難な強い「受注プロセスのしくみ」として育っていきます。

結局、「ビジネスの仕組みをデジタル化」するためには、まず、最初に、こう言った「設計」をほどこしたうえで、つまり、「何を比較・計測するのか」を決めたうえで、その取り組みを「評価するため」に数値化を行うことが、欠かせないのです。

話をまとめると、Ｗｅｂサイトを戦略的に活用するために必要な最初のアクションは、「だれに、何を、どのように訴求するのか」を、

「全関係者で、決める」……と言うことに尽きるのです。

この一歩が踏み出せたとき、そのマーケティング組織はデジタル施策において、その「訴求軸」における数値を計測・分析・改善して、企業を儲けさせるための活動（受注プロセス）を、稼働させることが可能となります。

「評価する指標」を決めるために、まず「受注プロセス」を考えるときに、把握すべき基本（かつ重要）項目を覚えておきましょう。それが、以下の３つです。

・Ｗｅｂサイトから生まれた受注の「投資対効果／ＬＴＶ」（売上寄与度）
・Ｗｅｂサイトから生まれたアポイントにおける、「商談化率」
・Ｗｅｂサイトから生じた資料請求など、引き合いごとの「アポイント率」

もし、みなさまがこれらを「すべて管理するのは、大変そうだ……」とか「それを計測する仕組みが無いな……」と、思われるのなら、まずは小さく始めましょう。取り急ぎ、引き合いごとの「アポイント率」だけからでも構いません。

アポイント率は、受注につながるプロセスの線上に存在する事象ですから、それを知ることで「営業の商談数をザックリつかむ」という目的を果たすことが出来ます。それができさえすれば、実は、最初の時点では、ある程度なら問題なく改善を進めることができます。

なぜなら、Ｗｅｂサイト構築の最初の時点では「ルールを決めること」と、「施策同士を比較検討できる事」が、できれば、一応の役割は果たせるからです。

むろん、これらすべての工程を数値化、仕組化できれば、なお良いことです。

もし、それができれば、貴社は、自社の展開するマーケティング戦略について、施策全体で管理をしつつも、個々の施策、あるいは個別の事象を数字で捉え、時期や成果に応じて、臨機応変にそのバランスや、その中身を組み替えることができるようになるからです。

しかし、最初からそこまで高度なことが出来なくても、すくなくともA～Dさんの「商談化・受注プロセス」を「比較」さえ、できさえすれば、「何が良くて、何が悪いのか」と、順位付けは出来ます。それは、「良いものを特定し、そこから手を付ける」と言う目的を果たすためだけならば、必要十分なアクションとなっているはずです。

だからこそ、できることを、ひとつずつ。

まずは、A～Dさんの「誰のストーリーが最も儲かりそうか」を特定し、各営業にフィードバックし、良かった結果を正しく訴求する。

そのうえで、訴求を多角化したり、使い分けたり、比較検討することで、貴社の「営業起点」ではじまり、「組織的マーケティング」で実現する、「Ｗｅｂサイト受注プロセス」が構築されていくことでしょう。

だからこそ、それは単一の部署だけでは作れるものでは無く、ましてや、どこかに「マーケティング部は、この施策さえやれば大丈夫」と言う状態で提供されているはずがないのです。

Mさんの企業で、やるべきことの「正体」は、まさにここだったのです。

第3章

企業の陥る7つの落とし穴

組織的マーケティングが「機能している企業」とマーケティング部が孤立する「ダメ」企業の違い

さて、前章では、最も重要なＷｅｂサイトを戦略的に活用した、商談化および、受注プロセスそのものについて説明をしてきました。

これらを実際に動かす具体的な「Ｗｅｂサイトを戦略的に活用した受注プロセスのつくり方」を伝える前に、みなさまには、成果を出せる企業になるための、「やってはならないこと」を、しっかりご理解いただきたいと思います。題して「企業の陥る７つの落とし穴」です。

「やってはならないこと」「落とし穴」などと言うと、ずいぶん遠回りのように聞こえるかもしれません。「そんなことより、ケチケチせずにＷｅｂサイトを戦略的に活用し、商談と受注が取れるプロセス戦略のつくり方、そのものを教えて……」というのが読者のみなさまの心情でしょう。

しかし、意外に思われるかもしれませんが、上手なＷｅｂサイトからの受注プロセスが出来ている企業は、「何に取り組んだか」ということよりも、「やってはいけないことを、徹底してやらなかった」ことにより、成功を果たしています。それは、あの『孫氏の兵法』でも説かれている「勝つことよりも、負けない事の方が重要」と言う考え方に近いかもしれません。

これは、業種や事業規模を問わず、どんな企業を見ていても共通することです。

私は、以前からずっと言っているのですが、多くの人は「成功する企業には、もともと圧倒的に成功する素地があった」と考えられがちなのです。

しかし、私のお客様も、そもそもマーケティング力が高かったことの方が圧倒的に少なく、むしろ、Ｗｅｂサイトからの引き合いに苦しんでいた企業だからこそ、余計なことを一切せず、やるべきことを信じて注力した。だからこそ、圧倒的な成果につながった、というのが本当のところだと私は考えています。

この辺りのことは、さまざまな意見があることは承知のうえですが、本書は一部のＷｅｂサイト戦略が十分に機能している事業社様に向けて書かれているものではありません。

自社で、Ｗｅｂサイトを戦略的に活用した受注プロセスを構築したいと考える、あるいは不十分だと考えている、一般的な企業に向けて書かれた手引書です。だからこそ、確率を引き上げるための具体策として、まず「やってはいけないこと」を知っておいていただきたいのです。

「やってはいけないこと」はすべて、貴社のＷｅｂサイト戦略、あるいは、そこからの受注プロセスや、マーケティング組織の構築のための努力を無に帰し、時として、業績に対してマイナスにまで作用してしまうものばかりです。

実際、私のところに相談にこられる多くのクライアント様が、当初、これらの状況にハマっていることが非常に多く、これらを防ぐだけでも、大きな効果が出ることは間違いありません。

なお、ご相談の席上などでも、私はあえて「これは、ダメ企業のすることですね」とか「それはもう全然ダメです」など、かなり強烈な表現で、説明させていただく事にしています。

これは、何が何でも、そういう状況を避けてほしいという思いからの意図的な表現です。

本書でも、あえてこの表現を取らせて頂きますが、なにとぞご了承ください。強烈な表現で説明させていただかないと、その組織に存在する、「絶対に避けるべき状況」をなんとかしようという、気概になっていただけないからです。

重要なことだと思われないだけならまだしも、世間でも「そういうことって普通だよね」のように認識されていることが圧倒的に多く、いわゆる「社内常識」や「一般常識」にすらなっていることがあるから、大問題なのです。

なお、これから説明していく7つの落とし穴について、なかには（前著でも同じようなことを書きましたが）「このデ・スーザというのはトンチンカンな理屈を吹っかけてくる」と、拒否反応をしめされたり、「メディアで専門家が言っていることや、これまで一生懸命勉強してきたことと全然違うからダメだ」と怒り出す方もいらっしゃるかもしれません。

確かに、これまで、世間で見聞きしてきたことと違ったり、貴社の社内慣習を壊すような話をするわけですから、当然、批判も覚悟のうえですが、せっかく本書を手に取られたのですから、ここは少し我慢いただきまして、読み進めて頂けますと幸いです。

そもそも、世間でよく見られる（特にデジタル領域の）マーケティングセミナーや、その成功事例、メソッドに問題が多いのは、「そのポイントだけ」に終始した「個別」の話をしていることが多く、後工程や、その施策の最終的な評価となるはずの「売上貢献」の部分が、ゴッソリ抜け落ちたまま、「本質的にはこうです！」と、恣意的な（場合によっては、自社サービスを売るための）ポジショントークがされていることがほとんどだからです。

あるポイントだけで成功した施策を、さもマーケティング全体の成果のように広げられても、流石に無理があります。

たとえば、店頭でビラを撒いた事例を紹介され、「これで集客が爆発しました！」とか言われても、「……売り上げは？」のようなツッコミどころが、満載だったりします。

教育や研修にしても「これをやればカンペキ！」のような話は、その企業のリソースと、背景、あるいはフォローがあったから、上手く行ったんですよね？　というようなケースもございます。または、研修の「満足度」だけが高く、実際の成果は……なんてことも珍しくありません。

つまるところ、「やった感」は出せても、「実際に業績改善に使える情報」にはなっていません。

あるいは**「マーケティング部」や「その担当者」という「木」は見ていても、「事業全体」や「売上寄与」という、「森」に対する視点が無いのです。**

そもそも、そんなに大成功だらけなら、私の仕事のようなマーケティング組織構築、そしてそこからのＷｅｂサイト構築や、受注プロセスを確立させるニーズなどあるわけもなく、どの企業も人材育成や、マーケティング組織構築や、ビジネスのデジタル化に困るはずがありません。

学ぶべきは、多くの**しっかりした事例と実績に基づいた、本質的な成功手法です。**

属人的な要素に関係なく、汎用的だからこそ、どんな企業でも、効果が最大化するのです。

（余談ですが、弊社のＷｅｂサイト　https://marketersbrain.co.jp/では、各業界の実績ある企業様を、私のクライアント様として**実名かつ、成果も具体的に、感謝のコメントを頂戴したうえで、「クライアント企業様　実例集」として掲載、紹介させて頂いております。**

コンサル会社にありがちな、「某有名企業で実績あり」などの表現のぼかしや、企業ロゴだけを掲載しつつ、支援内容や成果にまったく触れないような不明瞭な紹介は、一切しておりません）。

私は職業がら、通常の方が成しえないような規模・数のクライアント様のマーケティング組織の内情を見てきましたが、多くの人が勘違いしてやってしまいそうな「７つの落とし穴」こそ、最優先で抑えておくべきことと考えています。最も重要な基本だからです。

もちろん、すでに何の問題もないマーケティング組織を構築され、Ｗｅｂサイト戦略の展開、受注プロセスの推進を果たされている企業様は、基本がシッカリなされていると思いますので、本章を読み飛ばしていただいても結構です。

なお、本章で述べている7つの落とし穴のうち、4つについては、前著の『「営業」をデジタル化し、「経営」を加速させる、「強い」マーケティング組織のつくり方』で紹介していた「落とし穴」から、引用し、加筆のうえで再掲載・紹介させて頂いております。

ですので、前著を読まれた方は、その部分については、ある程度、流す程度で読まれても良いかもしれません（裏を返せば、その4つは、結局マーケティング組織と、戦略的Webサイトの話の「根っこ」が、ほとんど一緒の「肝の部分」と、言う意味もあるのですが）。

ただ、ビジネスのデジタル化をしっかり果たして、自社の利益に貢献されることを目指すのであれば、この「7つの落とし穴」は、「改めて」であっても、ぜひ目を通してください。

現在のみならず、将来にわたっても、必ずや、復習の材料にもなりますし、お役にも立つことでしょう。

実際、これまで支援に入られた企業様では、

「いままで、とんでもない勘違いをしていた」とか、
「これまで、わかっていたようで、まったく自社製品の売り方がわかっていなかった」

とおっしゃいます。

それだけ、マーケティングの成果を出せない「ダメ地雷」を踏むことを、知らぬ間にやってしまっているということなのです。

それでは、各社で取り組んだ内容をもとに、説明をしていきましょう。

1．担当が優秀になるだけで、組織全体に利益をもたらせると思っていないか

・「みんなは勉強が足りない。自分はこんなにプロなのに」と担当が言い出したら要注意

「営業が全然、動いてくれないんです……」と悩むマーケティング組織の人がいます。

「引き合い（リード）の種類をどんどん増やして、メディアにも成功事例として紹介されているし、サイトも充実している。たくさんの来訪者も来ている。なのに、営業サイドが全然仕事をしないのが悪いんです」などと、完全に相手のせいだけにして、愚痴をこぼす人すらいます。

いずれにしろ、事実、ビジネスの仕組みのデジタル化が出来ておらず「受注プロセス」が存在しない**ダメ企業では、どれだけ引き合いを増やしても、その引き合いが、実際の営業に移っていくフェーズでは、まともな確率でクロージングがされていません。**

いきなり「ダメ」呼ばわりで恐縮ですが、実際、たとえば某社では、さまざまなお客様

のお困りごとに答えてあげるための記事コンテンツと、「お役立ち資料（ホワイトペーパー）」が、よりどりみどり……といった状態で、Ｗｅｂ上に掲載、情報提供がされていました。

思わず「この会社、メディアか何かでしたっけ？」と、担当の方に聞いたほどです。

みなさんも利用されたことはありませんでしょうか。

そこに行くと役に立つ情報や、業界のトレンドが掲載されている情報メディア……と、思いきや企業のＷｅｂサイト。ちょっとした、Ｑ＆Ａや、勉強になる情報、はたまた、何かの業務・作業に必須のテンプレート（ひな形）まで充実していたり……。

と、使えそうな情報が満載な、便利なＷｅｂサイト。

こういう話をすると「これはむしろデジタルマーケティング施策の常識だろう！　お前は何もわかっていない！　実際にＳＥＯ（自然検索）で集客もたくさん取れるし、情報が充実しているのは良いことじゃないか！」と反論し、食ってかかってくる方が必ずいます。
「事実、このやり方でたくさんの引き合いを作れている！」などと、我がもの顔で「過去最大の反響を取りました！　これが、私のマーケティング実績です！」とメディアなどでPRされている方すらいます。

彼らの言い分としては、「我々は、たくさんの引き合いを作っている！」という話らしいです。

実際、そこから商談化して、受注する例も「まれにある」そうです。

ただ、この発言は、自社の営業からは非常に嫌われる典型なのですが、さて、みなさんは、なぜそうなると思いますか？

そもそも、「来訪ユーザーのニーズに合わせる」……と言えば、聞こえはいいでしょう。

しかし、批判を恐れずに言ってしまうと、こういう企業のマーケティング組織の担当者は「自社製品の魅力を正しく把握しておらず、まっとうな方法では、引き合いが取れないから、とりあえず網を広げている」にすぎません。

つまり、マーケター自身が「自社の製品が、選ばれる理由」をよくわかっていないのです。

だからこそ、「引き合い（リード）の質はとりあえず置いておいて、数をまずは集めて、自部署の予算を達成したい」のような保身的な思想も働いて、とりあえず「お役立ち資料」を「あった方が（無いよりも）良いから」という理由だけで（営業に無断で）量産してしまったのです。

なお、誤解の無いように補足しておくと、仮に、同じようにたくさんの資料が用意されているWebサイトを持つ企業でも、その後の「受注プロセス」が、真っ当に機能している組織も世の中にはちゃんと存在します。

そういう組織では、営業組織はこれらの「一見して薄い見込みの引き合い」に対しても

「確実に稼働」しますし、そこから実際の売上・成果もあげていき（け）ます。

そういう組織における「お役立ち資料」ライブラリの存在を、私は否定していません。

むしろ、戦略的に組み上げられた高度な施策であるとすら思います。

ただ、問題は、それで上手く行っている会社が世の中にあるからと言って、表面から見えるＷｅｂサイトの「姿、かたちだけ」を模倣すると、「最悪の悪手」になると言っているのです。

つまり、この問題の本質は、引き合いの種類や量が多いこと……ではありません。

それらの、「十把ひとからげ」になっている引き合いが、「実際の商談化〜受注プロセスという営業アクション、もっというと、売上に、まったく紐づいていないこと」なのです。

こうなる理由は簡単です。要は、マーケティング組織が、「営業起点」という、最も重要視すべき視点を持たず（あるいは軽視し）、自分たちだけで「頭でっかちに」物事を考えて、「営業が欲しい引き合い」ではなく「勝手に（自分たちの都合の良いように）想像した、ユーザーの求める引き合い」を「こうに違いない」と決めつけて、あるいはテクニックに溺れて供給しているからです。

要するに、「こういう引き合いが来て、こういう会話をしたら商談になりそうだよね。一緒に頑張りましょう！」と言う「握り」が、マーケティングと営業の組織間で出来ていないのです。

事実、そういう独りよがりの思想で作られた資料は、営業組織からしてみれば、「自分たちの営業経験の外にあるもの」となりますから、もらったところで「実際に電話して、どういう会話をしたら良いんだよ、コレ？」と、言うような引き合いだと感じています。

たとえば、「最近の○○業界について」のような、ものすごいふんわりした内容の資料を提供し、ユーザーにダウンロードさせたマーケティング組織から「こちらは成果をあげましたよ！　さあ、これで商談を作ってください！」と、無茶ぶりされているような状態です。

そんな対応を、引き合いを供給する側であるマーケティング組織サイドが行えば、受け取る側である営業組織が、マーケティング組織をどう思うかなど、火を見るよりも明らかでしょう。

実際、そういう資料を得た人にアクションを起こしても、「情報収集をしたかっただけ」とか、「新人で、部署に配属されて勉強のために……」など、現在のみならず、将来的にも、お客様になる可能性がほとんどないような方たちばかりであることが珍しくありません。

営業サイドも最初は期待して、真面目に対応していたはずです。

しかし、これらの引き合いに対して電話をいくら繰り返しても、「商談化しない」どころか「見込みすら見えない」から、「おまえらのよこす、ゴミみたいな引き合いなんか対応したくない」と、本気で怒り、そっぽを向いてしまったのです。

さらにタチの悪いことは、そういう引き合いが増えてくると、今度は、「引き合いの数」が増えすぎて、営業はクロージングどころか、「対応すること」そのものが仕事になっていくのです。

「ノイズ」が、多すぎて、良質な引き合いが、どうでもいい引き合いの中に埋もれてしまうのです。

これでは、売上に寄与する「Ｗｅｂサイトの戦略と、受注プロセスの構築」どころの話ではありません。

・「泥臭いもの」を他人任せにしてはいけない

そうならないために重要なことは、どんな「引き合い」のつくり方であれ、マーケティング組織は、それを後工程のプロセス（たとえば、インサイドセールスと呼ばれるコール部隊や、営業の担当者）の「仕事に繋がるか」をしっかり熟考したうえで、施策を展開することです。

そのために、マーケティング組織は、「営業を理解」する努力をしなければなりません。

極端な話をすれば、時に自らが架電し、時に自らが、泥臭くとも営業におもむくべきなのです。その「現場」を知らずして、ひとりよがりで頭でっかちに、インテリを気取って理屈を一方的に押し付けるから、とんでもない摩擦が生じるわけで、ここは、マーケティング組織が、営業組織に対して「一歩引くべきポイント」です。

なお、マーケティング組織が「独自の理論で生み出した」、「引き合い」が、独りよがりなのか、後工程をちゃんと考えて作られたのかを判断することは非常に簡単です。

シンプルにマーケティング担当者に「自分で、売ってみせてもらえば良い」のです。

こういうことを言うと「なんてことを言い出すんだ！」と言い、怒り出すマーケティング担当者が、たまにいます。

しかし、私にしてみれば、この話に反論する事の方がおかしいのです。自分が「売れないかも」と、少しでも思っているものが、なぜ、他人なら、なんとかできると思うのでしょうか。

実際、優秀なマーケティング組織は、自らが作り出した「引き合い」で、みずから架電し、商談を作ることも、受注をとることもできます。

実は、私も現場でマーケティング部長をしていた頃に、営業部長に営業同行をしてもらい（！）、目の前で自分の作ったＷｅｂからの引き合い、問い合わせを商談化。そのまま営業し、受注して、営業部長を「本当に、そんなトークでも受注がとれるのだな……」と、驚かせたことがあります。

これが出来る理由は簡単です。

なぜなら、戦略的に構築されたマーケティングとは、「どういうニーズのお客様が何を求めて、この資料をダウンロードしたのか？」を理解できる構造になっているからです。

したがって、「商談の席で、相手に何を伝えるべきか？」も、「どういう話をすれば、前向きに検討頂けそうか？」も、あらかじめ「勝ちパターン」が設計されているのです。

だからこそ、その「引き合い」に対して架電したときに「話す内容」もある程度、確定することができますし、誰が話しても同じようなアポイントの獲得率を生み出すことができます。

しかも、同じような形で作り出した商談ですから、会話の内容もある程度方向性が決まっており、結果、受注率を個人の実力に依存させず、安定させることすらできるのです。

つまり、良質な引き合いは、すべてにおいて**「再現性が非常に高い、受注プロセス＝ビジネスのしくみ」が作れるんですね**。それが、営業組織にとってどんなに「楽」なものなのかは、言うまでもありません。

ポイントは、**マーケティング組織が「取りやすい」引き合いの数を増やすことではなく、商談化、受注に直結するような、「営業から見ても、質のいい引き合い」を増やすこと**です。

たとえて考えてみれば、それが正しいことは明らかです。

仮に、

・月に1万件の引き合いが来て、1件も受注できない組織と、
・月間で30件しか引き合いがないが、すべてを受注できる組織。

あなたが経営者なら、どちらの組織を評価しますか？　という話です。

極端な話をすると、売上のつじつまがきちんと合えば、引き合いの数がマーケティング組織の予算（中間指標）に届いていなかろうが、本質的には「実は、どうでもいい話」なのです。その戦略と「本質的な実績（つまり売上寄与）」を、きちんとマーケティング組織として他部署や、上席に説明・連携ができていれば、何の問題も無いわけですから。

マーケティング組織みずからが「手段を目的化しないこと」こそ、本質（売上）に寄与する、ビジネスの仕組みのデジタル化を実現するための、第一歩と言えるのです。

そして、多くの組織では、売上に寄与する勝ちパターンを「いきなり自分で捻りだす」のが難しいからこそ、マーケティング組織におけるＷｅｂサイト戦略は、まず、過去にしっかりと成果を出してきた（つまり成果がある程度見込まれると予測できる）「営業の声」を頂戴しながら、営業起点で、合意形成をしつつ、創り出していく必要があるのです。

そして、そういうプロセスを経たからこそ、マーケティング戦略が作られることで、起案した彼ら（営業）自身にも、

「これなら、マーケティング部と一緒に、真剣に取り組んで行っても良いな」

と、思っていただける、最初の営業組織と、マーケティング組織における、正しい意味での部署間「連携」が生まれていくのです。

2. 各組織の「プロダクトを説明する言語」が、組織ごとに「独自の内容」になっていないか

マーケティング組織……と言う言葉が出てきたとき、多くの企業様は「マーケティング部」の事だけについて考えがちです。

もちろん、「担当（責任）部署」と言う意味では、それが正解です。

しかし、もっと突き詰めて、「受注プロセス」に踏み込むときは、マーケティング部のみならず、営業組織、インサイドセールス、時には、カスタマーサポートや、商品開発までをも巻き込んで、「受注プロセス」が構築され、動くことも珍しくありません。

「そんな事は、早々ないだろう」

そのように思われる人もいるかもしれませんが、たとえば、見込みの企業様から技術担当者が出てきたり、そういう技術的な部署に説明をするために、細かい仕様の話をするこ

とになったご経験などはありませんでしょうか？

そのため、こちらも開発や技術の人員を同席させる……などの経験です。

実は、多くの企業でこういうケースは「相応の頻度」で発生していますし、特に、新しいサービスや、技術、あるいは先方様で試験や、検証が必要となる商品では、珍しいことですらありません。

その際、たとえば、「開発」や「技術」側の人間に、そもそも「お客様目線での説明も得意である」というスキルは、（ご経験、御推察のとおり）そこまで求められるものではありません。仮に、そういった人間に説明をさせるとき、どうしても説明が過剰になったり、しどろもどろだったり、あるいは、ポイントがズレていたり……という事も散見されるのです。

たとえば、第2章で紹介したタブレットの商品を例にとって考えてみましょう。

この商品の「防水」に関する説明と理解を、各々の組織による「独自の解釈」で商談に臨んだ場合、次のように展開されることが予想できます。

・マーケティング部署「水場で、貴社にとって優位な防水性がある」と、解説

・営業のAさん　商談の席で「比較データ的にも競合よりも○％優位」と、解説

しかし、もしここで、この製品に対する言語化が「それぞれ独自の解釈」でしか整理されていなかった場合、技術者のXさんは、いきなり説明のバトンを受けたとたん、「JIS L○○の○法で、○○mmです。コチラのデータによりますと……」と、大学の講義のような説明を始めたりすることが（冗談ではなく）、ありえてしまうのです。

相手がもし、同様のリテラシーを持つ技術者であり、その解説を求めており、この話が通じるのであれば、それは、もちろん何も問題ありません。

しかし、相手のリテラシーがそのレベルに達していない場合、技術者のXさんの説明は、「学校の難しい授業を受けているように」なってしまいます。相手からすれば、「せっかく興味を持って話に耳を傾けていたのに、急に、頭に何も入ってこなくなってしまう」こと

でしょう。

これでは、なんのための商談だったのか、全く分かりません。

「対水圧試験でも、従来品の2倍の性能を発揮しました。資料はコチラなので、貴社の技術担当の方にお渡しください」

商談のつくり方によっては、実は、技術担当を連れて行っても、相手の「ほしい一言」は、この一言「だけ」で良かったりする場合すらもありえるのです。

Ｗｅｂサイト戦略から生まれた「商談の流れ」を含めて「受注プロセス」として成立させるためには、「聞き手」である、（検討されている）お客様にとって、「一気通貫の分かりやすいストーリー」を各部署が、「これを欲しがるお客様のリテラシー」や「情報の粒度」を、正しく理解したうえで説明する必要があります。

それなしに、「自分の言語」で、製品について説明をしてしまうと、「受注プロセス」は、やはり正しくは機能しません。

部署としてのマーケティング組織が果たすべきポイントは、まさにここで、「自分たちが一番顧客と近い場所にいる」からこそ、

ともすれば、技術の人間が「この技術は○○です」と、説明しがちなものを、「この技術で、貴社の○○が、○○になります」と、お客様の立場に変換しなければなりませんし、

ともすれば、営業の人間が「自分たちの製品は○○が出来ます」と説明しようとするものを、「だから、貴社の○○が解決します」と、お客様の課題解決軸に変換しなければなりません。

つまり、マーケティング部こそが、顧客に近いからこそ、「ソリューションは結局、何を果たすのか」を理解し、その言葉が自社組織内の「共通言語」としてあるように、Webサイトを設計し、そこからのコミュニケーションを作り、それを自社の組織内に共有、啓蒙し続けなければならないのです。

逆に言えば、それさえ、社内共有できていれば、最初は説明に苦労するであろう、営業

担当や、技術端の人々も、徐々に「なるほど、確かにそういう伝え方の方が伝わりやすいな」と言う、言葉上の「伝え方」を学ぶのみならず、

「そうか、自分たちのソリューションは、顧客のこういう課題を解決しているのか」

という、新たな側面からの気づきを得ることも機能し、広い意味で「マーケティング的な思考（顧客起点）を前提とした、共通の言語が浸透することによる、全社的な、マーケティング文化の構築」がはじまっていくのです。

3.関係する組織間での、「優劣」を「現場」が感じていないか

・組織の「上下関係」が意識された瞬間に、「連携」も「共生」も破綻する

ひとつめの「落とし穴」でお伝えした通り、Ｗｅｂサイトを担当するマーケティングの部署が、営業組織や、インサイドセールスと言った、後工程との「連携」を意識することは非常に重要です。

実際問題、ほとんどのケースで、営業する実働部隊の活躍なしに、マーケティングの成果は、証明できません。

ですので、マーケティング組織側が営業組織側を理解せずに、勝手に戦略の話を進めていっても、組織間の軋轢（あつれき）が大きくなるだけで、良いことは何もありません。

しかし、実は逆の話もあって、たとえば、「論理」は正しかろうとも「進め方」を間違えたがゆえに、どうでも良い社内政治が勃発してしまうケースもまた多いことも、あるあるのひとつです。

マーケティング組織（この場合は部署を意味します）の責任者は、企業の営利活動において、見込みのお客様に最も近い、急先鋒にいます。引き合いを生み、後工程の人間につなぐことが仕事なわけですから、この立ち位置を変えることはできません。

また、マーケティング組織は、それと同時に「お金を使う部署」でもあるため、とくに「売上寄与」について考えると、将来的には、「会社全体の広告宣伝費の割合」と言った、一番大きな粒度（経営レベル）まで、目を通していくことも珍しくありません。

つまり、組織において縦軸（経営〜現場）と言う視点で見ても、横軸（部署を横断した動き）で見ても、マーケティング組織というのは、「守備範囲がとにかく広い（関わる部署が非常に多い）」という特徴を持っています。

だからこそ、「こと」は慎重に運ばなければ、なりません。

たとえば、マーケティング組織が主導となり、自分たちの引き合いを、コールアウトする部隊につなぎこみ、そこでの架電状況を把握しつつ、営業におけるトークスクリプトや、商談化率などまでに「目を通す」……そんなルールを自主的に「決めた」としましょう。

そして、それを他部署に周知して、企業としてこの取り組みを推進させようとしたとします。

さて、この話。理屈の上では何の問題も無いのですが、残念なことに企業・組織というものは、人間が動かしているため、そこに「各々の感情」が存在します。

逆の立場で捉えてみればわかりやすいのですが、たとえば、あなたが営業組織の部長だったとして、「他部署（マーケティング組織）の部長」が、自分の部署のチームメンバーの営業手法や、案件管理の方法に、あれやこれや……と、口をはさんできたら、どう思うでしょうか。

そこは、大人に「会社全体の事を考えているのだから理解できる」と、なれば理想的なのでしょうが、多くの人間が関わっている以上、ことはそう単純には運びません。

「なぜ、おなじ職務等級のあいつに、うちの部署のやり方にまで口を出されないといけないのだ」とか、「営業（現場）の事がまるでわかっていない奴の言うことを、なぜ聞いてあげないといけないのだ」などと（特に成果が出る前の局面では）思われる人がいても、それ自体は、（相手の立場に立って考えてみれば）実に自然な話です。

かといって、「この件のプロジェクトオーナーは、われわれマーケティング部だから」と、無理に「ごり押し」をしてしまうと、本来、味方になるはずだった後工程の組織たちは「誰が、マーケティングの連中なんかに協力してやるものか」と、これまたそっぽを向かれてしまうことでしょう。

この、非常に大きな「組織の動かし方」の問題。

一般的には「人間関係」などの簡単な言葉で片付けられがちなこの問題ですが、そこに責任転嫁したとして、状況が解決しなければ、何の意味もありません。

そして、実は、それを解決するために、貴社（あなた）が何をすべきかと言うと、**それ**

は、組織改編でも、人事異動でもありません。

あなたが成すべきは、まず、マーケティング部署のすぐ近くから「小さく始める」ことです。

人間を動かす話の例として、有名な「北風と太陽」と言うイソップ寓話があります。

コートを着た旅人を、北風と太陽が「どちらが脱がすか」という勝負をし、北風は、コートを吹き飛ばそうと、勢いよく風を吹きかけるのですが、旅人は逆に「これは、コートを飛ばされてはたまらないぞ！」と、しっかり羽織りなおす始末。

それに対し、太陽はしずかに燦々と旅人を照らし、「ふう、太陽が気持ちいいな。しかし、これでは暑くてかなわない……」と、旅人は、自ら、そのコートを脱ぐ……そんな話です。

マーケティング組織と、営業組織をはじめとした、各種部署との関係性もこれに似ています。「こちらがルールを決めたのだから、徹底してもらわねば困る」などと、大上段からモノを言って（風を吹かせて）も、まず、相手が動くことはありませんし、むしろ険悪になるだけです。

これは、たとえ、私のようなプロの人間がやっても同じことになります。「外部から来たコンサル風情が、うちの会社の事もロクにわかっていないくせに、何を言っていやがるんだ」と、本音では思われるのがオチです。

それが、どんなに鳴り物入りでやってきた人間でも、この根本的な「なんだか、気に入らない」と言う感情をどかすことは、まずもって不可能なのです。

では、そういう状況になりがちな組織を、どうやって動かすのか。

その解決策こそが、あなたのすぐ近くにいるはずの「小さな賛同者」を見つけることです。それは、（時として）マーケティング組織以外のスタッフでも構いません。特に、「デジタル」という言葉は、年齢が上の人間ほど、拒絶反応を示しやすいワードなので、若い人を中心に声をかけてみて、専用のプロジェクトチームを立ち上げてみるのも良いでしょう。

「デジタルを活用して、営業を楽にするための仕組み（受注プロセス）を作っているのだけど、それを実行するキーワードは『営業起点』なんだ。だから、どうしても、現場の第一線にいる君たちの力こそが必要だ。どうにか協力してもらえないだろうか」

と、(そういう事が好きそうな人に)、素直に話をし、その時に、「それ、面白そうですね!」と目を輝かせてくれた人。そんな人たちで、(もちろん、彼らの上席にも仕事の邪魔にならないよう調整のうえで)数名で、まずは実験的にでも始めればいいのです。

そして、小さくプロジェクトを動かしてみる。

そうすると、正しい手順で物事をうごかしさえしていれば、かならず何らかの成果が出てきます。それを特に声高に自慢するでもなく、黙々と展開し続けていればいいのです。そうすれば、次第に、その協力者の個人成績が伸びたり、Ｗｅｂからの引き合いをスムーズにこなせるようになる……といった、「事実・結果」が生まれるからです。

実は、どんな部署・組織においても、メンバーが一番気にかけているのは、良くも悪くも「自分の部署の他のメンバーの動向」です。同じ部署の人間からすれば、特定のメンバー

だけが、なにやら新しい手段を通じて成績を伸ばしている……となれば、こちらからお願いに行かなくても、

「なにやら、最近○○さんと色々やられているようですが、私にも教えてもらえませんか？」と、あちら側からお声がけに来てくれるものです。

そういうチャンスに、（あなたは、もともと否定的だったですよね）などという思いがあったとしても、そう言った過去はサラリと水に流して、

「ええ、どうぞ！　一緒にやってみませんか？」

と、快く受け入れることで、徐々に貴社の組織に、「デジタル化の輪」が広がっていくのです。

そもそも、マーケティング組織というのは基本的に「お金を使う部署」ですから、対外企業（特にお金を払ってもらう側の企業）からは、「広告主様」として、ちやほやされが

ちです。

たとえば、特別なイベントに招待してもらったり、それっぽいイベントで登壇者として呼ばれ、先生扱いをして貰ったり、事例としてメディアに掲載されたり……という事も珍しくありません。

ただ、先に申し上げた通り、マーケティング組織の成果は「ほかの部署の協力があってこそ」です。同じ仕事をしているのに、マーケティングの部隊だけが、表舞台に出ていくようなことが散見されれば、その辺りを「奴らだけズルい！」と、妬ましく感じる人がいない訳がありません。

だからこそ、社内には慎重すぎるほど丁寧に。

己の成果に傲慢にならず、しっかりと実績を積み上げて、周りを味方にしつつ、巻き込みつつ、組織人として、会社全体の利益に貢献することを、マーケティング組織の中核メンバーは、常に、誰よりも、心掛ける必要があるのです。

4. マーケティング部の施策が、営業現場に「行動の不利益」をもたらしていないか

・読み手に与える必要情報が「多すぎ」でも、後工程のパフォーマンスは潰れる

これまで、本書で何度も触れてきたように、Ｗｅｂサイトを活用した「商談化」あるいは「受注プロセス」の成立にあたっては、「マーケティング部」のみならず、企業全体が「マーケティング組織」として取り組むことが必要不可欠となります。

その際、ひとつめの「落とし穴」で、「引き合いの数を伸ばすために、情報の濃度を下げることの悪影響について話をしてきましたが、実は、逆に、情報の質をひたすらに向上していっても、同様の問題が後工程に生じることになります。次は、コチラの側面についてお話いたします。

ダメ企業の共通点。

その４番目は、商品に関連ありそうな情報を考えうる限り、そのまま自社のＷｅｂサイ

トなどに掲載し、読み手を「満足させよう」と振り切っている構成になっていることです。

私の知っている限り、業績に寄与するビジネスのデジタル化が出来ている企業は、自社の商品について、流れるように相手に理解をさせることができます。

「この商品の良さは何か、読み手（お客様）にとってどういうメリットがあるのか、競合よりもピッタリな理由は何か……」などの必要な情報が、ものの十分程度もあれば、スムーズに受け手の頭の中に入ってくるのです。

そして、これを成しえている重要な要素の1つが「適正な情報量」なのです。

たとえば、ここにWebサイトからの引き合いに伴う、「受注プロセス」の観点を加えると、この「訴求」についての、自社の組織内における「分業」と「連結」が、見えてきます。

たとえばそれは、

①この商品の良さは何か、読み手（お客様）にとってどういうメリットがあるのか、競合よりもピッタリな理由は何か、詳細は「資料」にて配布中（Ｗｅｂサイト上の表記）
②「資料」よりも深い情報、事例についてもっと知りたくないか（架電の内容）
③それでは、実際にこの商品をお客様が導入したらどうなるか。サンプルを提供（営業）

のように、

①までは、Ｗｅｂサイト上に掲載されているが、
②以降の情報は、資料をダウンロードした相手にしか伝えず、
③に至っては商談でしか言わない

と、言うようなＷｅｂサイト上だけでは「見えない」「設計」が、存在しているという事です。

この傾向は、優れたマーケティングを展開されている企業ほど顕著です。

小学生から老人まで、どんなにその商品、サービスについての知識・理解がなくても「なるほど」と言ってしまうような、簡単かつ、わかりやすい訴求を行える企業は、ほとんどの場合、Ｗｅｂサイトの後ろ側に、「外からは見えない、強力な受注プロセスの仕組み」も保有しています。

そして、一見して外見からは見えない、それらの裏側の仕組み、つまり、「受注プロセス」が機能するからこそ、はじめて、Ｗｅｂサイトの効果は最大化し、その企業への確実な売上貢献が成されていくのです。

一方で、ダメ企業の展開はと言うと、「情報の整理」や「出し分け」と言う観点を持っていないので、Ｗｅｂサイト上には、とりあえず、社内で出てきた使えそうな情報や、過去に商談で使った資料を思いつく限り並べ立ててみたり、素人では到底理解できないような難しい実験データなどのグラフをそのまま掲載してみたり、あるいは専門用語が並べ立てられていたりします。

そんな状況ですから、ユーザー（読み手）はその商品、サービスを導入したときの「イメージ」を作り込むことが非常に困難で、とりあえず、よく分かっていないまま、問い合わせをしてくることも珍しくありません（まあ、その前に、ほとんどの読み手が脱落するのですが）。

「たくさんの、ユーザーにとって必要そうな情報を開示している」と言えば聞こえは良いですが、そもそも、お客様は、悩み事を解決したいながらも、そこに対する知見が薄いからこそ貴社サイトを訪問してくるわけです。

そういった方に、パンフレットをポンと渡すようなコミュニケーションから、「そこにぜんぶ載っているから、好きなところから読んでください」と言うようなアプローチを行うことが、

「真のビジネスのデジタル化なのか？　戦略的なＷｅｂサイトなのか？」

と聞かれれば、答えはもちろんＮＯと言わざるを得ません。

こういう企業に理由を聞いても「だって、それがうちの製品（サービス）の正しい情報だから」と言う言葉が返ってくることがあります。

しかし、これはご自身の扱っている製品に対して、「なぜ、お客様は自社の製品を買ってくれたのか。どうして選ばれているのか」を、きちんと精査して考えたことが無い、というのが本当のところです。

要するにまともに議論されたことがないということです。

マーケティング担当の社員が、自社の製品が、顧客から選ばれる真の理由をまともにつかまないまま、プロモーションを仕掛けると言うことは、それはたんなる個人的な経験と勘でアプローチをしているということになります。

当然、戦略的なマーケティングからは、ほど遠いところにいます。

詳細なコンサルティングをするまえに、お客様にこの話をすると、たまに「ふざけるな！我々が、真面目に仕事をしていないとでも言いたいのか！」と、怒りだす人がいます。

しかし、冷静に考えてみてほしいのですが、自社の製品が売れる理由を組織の統一見解として持っていないマーケティング組織が、外部に対してアプローチを行ったとして、それは、「個人の経験に振り回される一貫性のない、行き当たりばったりの仕事」と言われても仕方ないのではないでしょうか。

売り手側が、「売り方のイメージ」を持っていないとき、その企業のＷｅｂサイトに掲載される情報には、読み手が貴社の製品、サービスを理解するために、何について、どういう順で理解していくのか、と言う「プロセス」の概念がありません。

要するに、整理されていない、「雑多な情報」に成り下がるのです。

そんな散々な状態の情報を、とりあえずサイトに、それっぽく並べたとして、それは読み手であるユーザーに対して、「とりあえず、自分で読め、必要なものは自分で探せ、足りないものは読み込んで理解しろ」と、暗黙のうちに強いているのと何も変わりません。

そして、それは「対、読み手」のみならず、「対、後工程（自社内）」で考えても、やはり不利益を生じさせることになります。

理由は簡単です。

Ｗｅｂサイト上に「顧客にとって必要な情報が多すぎた」場合、そのＷｅｂサイトから資料請求をしてきたユーザーを商談にどうにかこぎつけたとして、営業には商談で「もう、話すことが何もないから」です。

営業にとってこんなに苦痛なことはありません。

なぜなら、商談の席で何を説明しても、Ｗｅｂサイト上にすでに掲載されている訳です。

そうなると、ほとんどの説明は、「ああ、もう見たから知っています」とか「それも資料に書いてあったから大丈夫です」とか、言われるわけです。

結局、「私は、何をしに来たのだ」と言う話にしか、なりません。

しかも、それだけならまだマシな方で、もっと突き詰めれば「Ｗｅｂサイト上に書いてある」と、「相手がそれを読んでいる」は、全然違う話ですし、もっと言えば「読み終えた」

と「理解している」にも物凄い温度差がある訳です。
なまじ、「先に書いてしまった」が故に、正しい（誤解の無い）伝わり方で「伝わったのか？」すら、分からずに終始手探りの質問が展開されてしまうこの商談。果たして、それは、貴社にとって、最適な「受注プロセス」と、そして、お客様にとって「良い商談」と、言えるのでしょうか。

逆に、ビジネスのデジタル化が出来ている企業は、この辺りの要素を戦略的に組み上げ、

・なぜ、自社製品が売れるのか、
・その時、どのような情報が求められるのか、

というプロセスをしっかり「理解」して、キチンと戦略に落とし込み、それを数字で管理して、後工程に連結。常に改善する体制を構築しています。

だから、Ｗｅｂサイトに掲載される情報の質も量も、いつも「適切」なのです。

貴社においても、ただ、「見せ方（あるポイント）」だけを、なんとなく「マネる」のではなく、ことの真意、および「受注プロセス」という「線のコミュニケーション」を理解したうえで、Ｗｅｂサイトを構築していく必要があるのです。

5.自社の商品・サービスを売り込むのに必死になっていないか

・もろに現れる「ダメ企業」思考

ビジネスをデジタル化し、マーケティング戦略を立案・展開し、それを自社のＷｅｂサイトで「受注プロセス」に繋げられない企業の7つの落とし穴。その5番目は、「顧客に対して、自社の商品、サービスを積極的にどんどん売り込むことだけで、案件を作ろうとしている」企業です。

こういう話をすると、「いや、そんなことは企業として当たり前だろう。企業の存在意義そのものじゃないか！」と、反応される方も非常に多いのですが、論点が、少し違います。

ここでの論点は、ひとつです。それは、貴社のサービスや商品は、**「それを必要としている人間にこそ、価値がある」と言う、マーケティングの大前提を忘れていませんか？**という話です。

つまり、とりあえず、ターゲットになりそうな属性（たとえば、業種、企業規模など）に、相手の状態も考えず、手あたり次第に「興味ありませんか⁉　買ってください！」などと、アプローチをし続けてしまった場合、その戦略こそが、ゼロどころかマイナスになる大問題なのです。

こういう企業は、「下手な鉄砲も数を撃てば……」と言う発想で、とりあえず、ローラーの様にアタックを掛け続けます。単発の企画なら、まだ百歩譲って許せないこともないのですが、酷いと数年に渡って、何度も「総当たり攻撃」をかけ続けます。日々送られる大量のメルマガ配信、際限のない電話攻勢などという、形になって……。

電話なら、まだ、相手の声色を伺いながら、最悪空気を読んでコチラから話を切ることも出来ますから、どうにかなるかもしれません。しかし、特に困るのは、受け手の状況が見えないオンライン側の施策の数々です。

このパターンのダメ企業は、せっかく、名刺交換などで、健全なコミュニケーションができるようになったのに、そのとたんに、態度を豹変させ、ことあるごとに「買ってください！」「新製品が出ました！」と、メールやプレスリリース、メッセージ通知などを、なだれの様に、お客様の端末に降り注ぐのです。

あなた自身も経験がないでしょうか？

ちょっと会員登録をしただけなのに、翌週辺りから、イライラするほどの件数のメールや通知が届きだして、ほどなく登録を解除したり、アプリを削除したり、ブロックしたことが……。

そのご経験のとおり、そういうアプローチのやり方は、短期的には、（非常に低い確率ながら）「やれ、当たった」「やれ、断られた」などとやれるわけです。

しかし、そもそも、サービスを「いまは」必要としていない人間に、しつこいアプローチを続ければ、リアルでは、企業名を聞いただけで「出入り禁止」の扱いを受けることも決して珍しくありませんし、オンラインでも、遅かれ早かれメールの受信停止、あるいは迷惑メール扱いなどの措置を取られてしまうことでしょう。

これでは、相手に自社の事をよく理解してもらい、信頼をされ、興味を持ってもらったうえで、サービスを訴求するような関係性を目指していたはずなのに、貴社そのものが、相手から忌み嫌われる存在になってしまっています。

元も子も無いどころか、アンチを量産してしまっています。機会損失に他なりません。

さて、それでは、「商品・サービスを売り込むのに必死にならない」、サービスや商品を、「それを必要としている人間に、価値として届けられる訴求」とは一体どういうものでしょうか。

実は、ビジネスのデジタル化を行うときに、戦略的なマーケティングが、もっとも成果を発揮するポイントのひとつが、もともと「興味のかけらもなかった人間を徐々に貴社のファンに変えていく」という育成の部分です。

Ｗｅｂサイトから構築する「受注プロセス」とは、つまり、この最終工程をＷｅｂサイト、架電、商談という（少なくとも）３つのプロセスで行う事に他なりません。

アメリカの博士、セオドア・レビット氏が、その著書の中で「マーケティングの世界で古くから使われている格言」として紹介した有名なものに、「ドリルを買いに来た人が欲しいのは、ドリルではなく穴である」と言う言葉があります。

デジタルを活用して新規の引き合い、受注を生む「現代型のビジネス」を実現したいなら、このマーケティングにおける大前提を抑えずして、Ｗｅｂサイトから生じた引き合いを、商談に持っていくプロセスは成立しません。

解説をすると、とくにコミュニケーションの初期段階では、人は、「穴をあけたい」という欲求があったとしても、「その手段は、まるで問うていない」と言う大前提が存在します。

つまり、この時点で彼らは「ドリル」と言う具体的な手段が、顕在化して（思いついて）いません。

極端な話をすれば、彼らは、簡単に、安全に、正確に……など、何かしらのメリットがあったうえで「穴があけられる」のなら、別に槍で突き破っても良いし、（自分にとってそれが本当に最適なら）ピストルをぶっ放して穴をあけたって何の問題も無いと考えています。

ただ、もし、そこで貴社がＷｅｂサイトを活用して、「それなら、ドリルを使うと便利ですよ！」とアプローチができたら、どうなるでしょうか。

彼らも、色々調べていく中で「なるほど。ドリルと言うものを使えば、どうも安全で、安心で、簡単に、正確に穴があけられそうだ」と、理解するからこそ、ドリルを「指名して」検討するようになるはずです。

つまり、この時、貴社のドリル（商品名）を「指名して」検討しに来たお客さまは、引き合いになっていますが、その段階にくるために、間違いなく「ドリルが提供する『価値』（安全、簡単、正確に穴があけられること）」を、Ｗｅｂサイトをはじめとした、デジタルコミュニケーションのいずれかの段階で、事前に「認知」したはずなのです。

この関係になっている構図を、意図的に作れており、かつ、それを施策として実践できているとき、その企業は、「Ｗｅｂサイト（および、デジタルマーケティング全体）の戦略的運用」が、出来ている状態と言えます。

先のステップ設計でいうと、「穴をあけたいだけで、手段を問わない人」が、市場に存在していて、その人たちに貴社が「気づき」を与えることで、彼らの「行動の変化」が起こって、貴社のドリルの利点をＷｅｂサイト上で理解し、情報を読み込んだ結果、購買検討をするために、より多くの情報を求めて問い合わせをしてきた……。という流れです。

こういう関係、状態で、見込み顧客から引き合いを頂くことが出来れば、そのタイミングで、相手の理解状況（Ｗｅｂサイト上に公開しているコンテンツ、ダウンロード資料の内容）に併せて、

「それでは、サンプルの貸し出しをいたしましょうか？」と、次のアクションを提示したり、

「実機を持ち込んで、穴をあけてみましょうか？」と、商談を狙ってみたり、

「いまなら、お得に購入が出来ます！」と、クロージングのための、クーポンやメッセージを送るようなコミュニケーション（架電やアポイント）を「自然なコミュニケーション（受注プロセス）」として、実現できるようになるのです。

それが、ユーザーにとって自然な設計に見えるのは、コミュニケーションの中身を「クロージングばかり」にせず、自社と相手の関係性、そこに至ったプロセス、相手の現状までを考えて、最適なアプローチをしているからに他なりません。

企業における、ユーザーとのコミュニケーション設計とは、こうありたいものです。

6.「部署」と言う「縄張り意識」で、「お客様の可能性」を潰していないか

・消極的な関係でも「機会損失」が発生する理由とは

落とし穴の2つめで、Ｗｅｂサイトを受け持つ「マーケティング部」と、「他部署」と言う、「異なる質の部署」についての「落とし穴」は解説しました。そこで、ここでは、同じ「組織間」でも、「第一営業部」と「第二営業部」と言ったような、「同質の部署の関係」についても考えてみます。

Ｗｅｂサイトを活用した受注プロセスを考えるとき、その成果の「最大化」を考えるなら、「ヨコの縄張り意識」は、早い段階で解消する必要があります。

縄張り意識……と言っても、同じ商品をどちらが売るのか、とバチバチにやりあっていると言う関係だけではありません。

起点を「お客様」と捉え、営業が「売れる理由」を考えた時、時として、「自社の提供

する別の手段が、お客様の選択肢に入る可能性がある」……という事です。

たとえば、第二章で紹介したタブレットの防水軸の場合、Aさんの部署ではタブレット「そのもの」を販売する一方、実は、別の営業部署のEさんのところでは、「既存のタブレット端末に貼るだけの防水ステッカー」を売っていたとしましょう。

こういう場合、Aさんと、Eさんの間には、もともと、さほどの競合意識はなく、「○○商事」における、「タブレット販売部」と、「アクセサリーソリューション部」など、部署もまるで違う事が多いわけです。

しかし、顧客からの視点で見た時、それが「タブレット販売部」だろうが「アクセサリーソリューション部」であろうが、「○○商事」との取引をしてきたことに変わりはなく、彼らからすれば「同じ会社」として考えているであろうことが自然です。

Ｗｅｂサイトを活用して、戦略的に「受注プロセス」をつくるときに、もっとも利幅が大きく出てくるのは、実はこのような「既存顧客」との関係性を改善・拡張した時だったりします。

あるお客様からしたときに、「自社のタブレットの防水性をどうにかしたい」と考える、そのお客様の本当に求める「最終的な価値（成果）」は、

「防水性の高いタブレットを活用して、円滑に自社の業務を遂行する」ことです。

それは、極端な言い方をすれば「お客様にとって」は、課題さえ解決できるのなら、その手段が、「新しいタブレット端末」であろうが、「既存のタブレットに装着するステッカー」であろうが、「どちらでも構わない」という事になります。

真にマーケティング組織が機能し、見込み顧客を第一に考えている組織は、最終的にはこういったユーザーが目の前に現れた時、「両方の価値を提供」することで、「選択」をさせます。

一見して、「利幅の大きいタブレットを売った方が、良いのでは？」と考える人や、「自

分のところで売上をつけたい」と思う人もいるかもしれません。

しかし、「商売」と言う全体像で考えた時（最終的な戦略はその会社が決めればいいのですが）、中長期的には、お客様の心象的にも、そのほうが好ましいですし、実は、そうすることで、そもそも「自社で2択に絞れている」訳ですから、競合が入る余地が無くなっていたりします。

加えて、こういう「部署間の横の垣根」を自社の中で外して、お客様に対して商売をしていくことは、最終的には、貴社の商売を「伸ばす事」になります。

たとえば、こんな、ご経験はありませんでしょうか。お客様から「え、貴社ってそんなサービスもやっていたんですか？　知らなかったです……」と言うような言葉を頂いたような。

このような話は、普段からよく、自然に発生しているのですが、実は冷静に考えれば「とてつもない機会損失」の可能性かもしれません。

Ｗｅｂサイトからの受注プロセスを最大化できる企業と言うのは、このような部署間に存在する「垣根」を取り払い、お客様に、様々な方法で、自社のソリューションの提案をします。

具体的な手段で書いてしまうと、それは「他部署の人間が獲得した名刺のお取引先様に、自部署からメールを送り、自部署の製品Ｗｅｂサイトを見てもらう」と言ったような動きです。

それは、お客様からすれば、（上手に展開すれば）数多くの「自社にとって有益な情報」を、「信頼できる事業社」から案内頂いていることにほかならず、しかも電話ではなくメールとＷｅｂサイトなのですから、興味があれば気軽に、自分の好きなタイミングで見ることも出来ます。

だからこそ、その精神的な障壁の低さも相まって、これまで面識のなかったような企業様から、引き合いが出てくる……と言うようなことが、普通に発生するのです。

この考え方こそが、いわゆる、既存顧客へのクロスセル（ひとつの商品を購入されたお客様に、別の商品を売る事）や、アップセル（ひとつの商品を購入されたお客様に、追加の商品をご購入いただく）という考え方に直結していきます。

そして、それが実現されることで、更なる自社と顧客との、「部署を横断した、会社同士の深い取引関係」を構築するに至るのです。

7．「Webサイトの分析」という「手段」に溺れていないか

企業が避けるべき「落とし穴」の最後となる7つ目は、多くの企業が「必須」だと考えている、Ｗｅｂサイトの「分析」についてのお話しです。

分析……と言うと、多くの企業で、「なんか、ツールを入れて、それっぽい数字をたくさん出して、ダッシュボードとかに並べて、経営会議で発表とかを……、という事はデータの専門家とか、分析の専門家とかが必須で……」と、どんどん頭が煮詰まっていく「アレ」ですね。

結論から書いてしまいましょう。そんなものは「どうでも良い」です（笑）

と、極論を言い切ってしまうと流石に問題があるので、「最初の段階では、最低限で大丈夫ですよ」と、言葉を置き換えておきます。まあ、そのフェーズまで行けるのなら、そもそもこんな問題はおきていない「はず」なんですけどね。

こういう取り組みについて「非常に重要だ」と思われている方に、お伺いしたいことが1つありまして。「分析は大事だ」と皆様は口をそろえるのですが、そもそも、そうおっしゃる方は、「何を、分析して、どうされたいのか?」と。大事なのは、むしろそちらの「設計意志」なんですよね。

実は恐ろしいことに、この回答が「まともに」出てくるケースはまれで、持たれている指標は、非常に高度なのに「使い道が無い」と言うような状況で、ただひたすら、それっぽい数字の海が、社内の計測用ダッシュボードに広がっている企業様は、本当に多いのです。

経営側も、そういう指標しか見えていないものですから、「ページビューを増やせばいいのではないか」とか、「検索からの集客(SEO)を高めたほうが良いんじゃないか」とか、その数字を見ながら議論をされるのですが、「それで、仮にそれが思惑通りに行ったら、売上は改善するのでしょうか?」と言うと、ココに疑問符が残るケースが、物凄く多いんですすね。

昨今、ＳＥＯ改善のために上位に掲載されるテクニック論などもありますし、そういう「良く出てくる指標」を改善したいお気持ちも解るのですが、たとえば、第二章のタブレット端末の商売で、「高速通信」と言う言葉がありましたが、仮にこの言葉で掲載上位と、流入増加を狙ったとして、そもそもこの言葉が検索される要因は、パッと思いつくだけでも、

1、もともと狙っている「高速通信の端末が欲しい」人

のほかにも、

2、高速通信で出来ることが知りたい人
3、通信の高速化が出来るアプリが欲しい人
4、高速通信を提供している事業社が知りたい人
5、特定のゲームや、アプリ、端末などを改造して通信を高速化したい人

などなど、「高速通信」と言う検索の背景と言いますか、「裏側に潜む、検索者側の意図」がたくさんあるわけで、そういう検索からの流入を、すべて「集客」出来ることは、一見

して「素晴らしいこと」に見えて、実は、「機会損失」すら生じさせかねないのです。

なぜなら、これらの関係ない流入（トラフィックと言います）は、時として「ノイズ」と呼ばれ、自社の「受注プロセス」を阻害する事すらあるからです。

私自身の経験から1つ、そんなお話をしてみましょう。

実は、私は昔の職場で、あるシステムを売っていたのですが、このシステムを導入されるお客様は、一定のデジタルマーケティングに関するリテラシーをお持ちの方が多く、特に広告における「間接効果」（直接的ではない成果）を数字にすることで、投資対効果を可視化する……みたいなことが実現したいお客様が対象だったんですね。

それで、シェアも一定以上ありましたから、自社としては「顕在化する前のニーズも捉えよう」という事で、「マーケティング情報」を提供するＷｅｂサイト（ブログサイト／コンテンツマーケティング）に力を入れることになりました。

私は、同社ですでに運用されていたその施策を預かる事になったので、蓋をあけて、コンセプトを伺ったのですが、そこには、「①マーケティングに関する知識を収集したい人に、②マーケティングに関する情報を提供する中で、③間接効果の重要性を理解してもらい、④その先に、自社のシステムを知ってもらう」という、４つのステップで創り出した「狙い」がありました。

と、いう事で実際のサイトを預かり、まずは実態調査をしてみたのですが、実際に、その中身を調べてみると、確かに流入は多かったのですが、「中身そのもの」に問題があったんですね。

集客して、実際に読まれている記事は、実に多岐にわたるものだったのですが、内容が本当に、たとえば「ＧＡＦＡのマーケティングは何が凄いのか」みたいな、話が良く読まれたりしていて、「確かに集客は出来ているが、これは本当に将来、自社のサービスを導入してくれるユーザーなのだろうか？」と思うようなものだったのです。

実際、このサイトの訪問者には、追々、自社のシステムを案内させて頂くようなプロモーション施策を行っていたのですが、どうにも、効果がイマイチでした。

そこで、ある日、大ナタを振るってこの「マーケティング情報サイト」を大改修。

自社のシステムは、「間接効果」をベースに投資対効果を改善するものだったので、そのキーワードに関連する、カスタマージャーニーの考え方や、間接効果についての解説をするような記事を集中的に扱う一方、トレンド的なニュースは、Ｗｅｂサイトから一掃しました。

すると、確かに、閲読数（ＰＶ）自体は、大幅に下がってしまったのですが、目標を持って運営・集客をしたそれらは、健全な投資対効果で、以降、本来のシステムの売上（案件獲得）に寄与できる「見込み顧客」を生み出すようになって行ったんですね。

この辺りの話は、当時、ツールを使って計測、登壇してお話差し上げた公開情報なので、お話しできるところまでを書きましたが、このように「意図を持って、数字を使う」時、その計測には、非常に「意味」が発生する一方、「意図が確定していない」のであれば、数字自体は、眺めていても（特に数字に慣れていない方にとっては）さして、新たな発見というのは無いかなと思います。

では、そう言うものが無くても、なぜ「数値化」や「分析」が大事で、一方で、なぜ、「そんなにしっかりやらなくていいなどと言い切っているかと言うと、最初に皆様にやって頂きたいことは、「分析」と言うよりも「比較」だからです。

たとえば、先のタブレットの売り方の話もそうですが、この施策をやるうえで、我々が知りたいのは「Aさんが何件売ったか？」と言うリアルな実数よりも（それも大事なのですけど）、

「Aさんの売り方と、Bさんの売り方は、どちらが売上に寄与するのか？」

と言う、比較の結果でしかありません。

なぜなら、我々が最初の段階でほしいのは、「正しい数値」ではなくて、「どちらが、受注を得るために良いのか」と言う「判断をするためのルール」だからです。

ルールである以上、「同じ状況、同じやり方、同じ指標」で計測されている限り、我々は、その成果を「比較すること」が出来ます。

比較と言う考え方は、「受注プロセス」を改善していく上では欠かせない考え方で、この競争を常に走らせるからこそ、貴社の勝ちパターンもまた「研鑽」されていくのです。

ご理解を深めていただくために、すこし、例を出して「相対評価」についてお話をしましょう。

たとえば、ここに大学受験をする高校生がいたとしましょう。
そして、彼は、ある大学の入試試験を受けたとします。

その結果、

（1）彼は、テストを受け、難しすぎて、会場で絶望していた。
（2）彼が家に帰り、テストの自己採点をしてみたところ六〇点だった。絶望した。

（3）ところが、彼は入試に合格していた。

と言うお話があったとします。

多くの企業の担当者が指標を持たないとき、（1）の考え方で施策の良し悪しを見ようとします。これを「主観の評価」と言います。つまり、言い切ってしまえばこれは、「本人の感想」でしかありません。したがい、比較にも、評価にも値しません。

（2）の状態は、どうでしょう。彼は、試験の結果を自己採点し「六〇点」と言う事実を確認しました。そして、やはり「これではダメだ。落ちたに違いない」と、思ったんですね。

これは、企業の施策の評価でも良く行われる間違いなのですが、ある結果が出た時、それ単体を持って、何がしかの判断をすることは出来ません。

たとえば、「12月なのに気温28度でした」と、聞いたら、多くの東京に住む人は、「それは異常気象だ！」と思うのでしょうが、「いやいや、これはオーストラリアの話です」となれば、「平均並みじゃないかよ！（南半球なので）」と、なるんですね。

どういうことかと言うと、（２）の状態は、「絶対評価」であって、判断を下すには、まだ判断が早いという事です。

だから、（３）が重要になる。

要するにこの試験の平均点は、おそらく四十点とかで、彼の成績は「ほかの受験生よりも優秀だった」から（その比較の結果）、彼は「合格した」という事が「結果」なのです。

これが「相対評価」と言う考え方で、「比較」を行う際の基本的な考え方となります。

話を戻して、ある会社で、営業パーソンのA～DさんがＷｅｂサイトからの施策を展開したとき、その中の誰が、どのくらい良かったのか？については、もちろん詳細にわかった方が望ましいことは間違いありません。

しかし、詳細にわかる前に、「ある程度の傾向」が分かるだけでも、我々はその施策の良し悪しを判断できますし、より高度なマーケティングをしたいのであれば、その時に踏み込めばいいはずです。

最初の段階から、気合を入れて「すべてを可視化して分析しなければならない」と、必ずしも完璧を求めなくても、「やるべきこと」さえ、正しく理解していれば、「小さくても施策は動かせる」という事なんですね。

だからこそ、「手段」や「精度」よりも「目的」を大事にしてほしいところです。

・悪いことは連鎖する

さて、ここまで読まれて、もしかしたら、お気づきの方もいらっしゃるかもしれませんが、ダメ企業が陥る7つの落とし穴というのは、一見してバラバラに存在しているように見えますが、実は7つともが、非常に密接に関係しあっています。

ですから、「弊社は7つの問題のうち1つだけが発生していた」と言うことはまれで、たいていは、2つか3つ以上、あてはまる会社だと、5つ以上が当てはまる……と言うことも、決して珍しくありません。

たとえば、マーケティング組織が、自分たちの目標に固執している企業では、ほぼ間違いなく、営業現場で、行動の不利益が生じています。

また、商品、サービスを売り込むことに必死な企業は、長期的な戦略を持たないので、結局、どうしていいのかわからないまま、とりあえず必要そうな情報を、なんでもかんでもＷｅｂサイトに掲載していることも、非常によく見られる光景なのです。

これは、1つのダメな要素が連動して、更なるダメ要素を生み出す……と言うことです。要するに、ダメなことを1つでもやっていると、どれもこれも連動しているがために引っ張られて、すべてがダメになっていくと言うことです。

ですから、ビジネスの仕組みのデジタル化をおこない、「Ｗｅｂサイトを戦略的に活用した受注プロセス」を成すためには、ひとつずつやめるのではなく、7つとも同時にやめる必要がある」と言うことです。

「そんなことをしたら、組織が崩壊してしまう」とか、「いくらなんでも滅茶苦茶だ！」と言う声が聞こえてきそうです。

たしかに、これには相当の痛みが伴うでしょうし、そのことに対する組織の混乱や、動揺もあるかもしれません。

しかし、安心してください。「本質的なやるべきこと」や、「成功すること」を集中してはじめると、自然と「やらなくてよいこと」は、やらないようになります。

ちょうど、「夜食を食べない」「だらだらとスマホを見ない」「深酒はしない」などと、ひとつずつの事を始めるよりも、「夜十時になったら歯を磨いてベッドに入る」くらいの習慣づけをすると、自然と、他の事をしなくなるのと似ています。

幸い、貴社のビジネスの仕組みをデジタル化し、成果を上げるデジタルマーケティング組織、およびそこから生まれるWebサイト戦略と、受注プロセスを成し遂げるために、「貴社が、やらなければならないこと」は、実にシンプルです。

ただし、それは、多くの組織人にとって、自部署と関係ないように見えたり、他部署の問題にみえたり、あるいは、世間でいうことに反することだったりしているので、多くの人は重要視していません。

しかし、いざ実施してみると、その効果は非常に大きく、みなさまに意志と、やる気さえあれば、どんな企業にも必ずできることなのです。

最初のうちは、ついつい「7つの落とし穴」にハマってしまいそうになる企業様もいらっしゃることでしょう。

それも、「いずれ解決させるから、このくらいなら……」と考えるかもしれませんが、すべての施策は連動しており、この7つの何が残っていても、「ビジネスのデジタル化」は、成立しないことを、くれぐれも忘れないようにしてください。ひとつでも許してしまうと、2つ、3つ……と、元の組織に、逆戻りしてしまいます。

これをさせないためにも、あえて「ダメ企業」と言う名前で呼ばせてもらいました。

私はこれまでに、様々な企業が、自社のビジネスの仕組みをデジタル化し、その背景で、自らの足で歩む「強いマーケティング組織」を構築して、目覚ましい成果を上げるのを何度も目にしてきました。

その結果、世の中には、様々なＷｅｂサイトが公開され（時には新聞などのメディアにも取り上げられ）、その後ろで、素晴らしい「受注プロセス」が稼働、改善していく様子も、何度も目の当たりにしてきました。

それでは次章より、その実務ポイントについて、わかりやすく伝えていきたいと思います。

第4章

組織化と売上をもたらすWebサイトのつくり方

1. 他社のサイトを「丸パクリ」しても絶対に上手く行かない理由

・「彼を知り、己を知れば、百戦殆からず」の本質とは

さて、成果を上げるWebサイトと、それを稼働させる「受注プロセス戦略」が機能する「Webサイト」を作る方法をこれから説明していきますが、そのために最初に「マーケティングにおける独自性と、勝ちパターン」についてお話していきます。

このことを理解していないと、後に説明することを理解できないどころか、最悪の場合、逆効果になってしまうこともあるため、まずはしっかり押さえて頂ければと思います。

まず、ビジネスのデジタル化で成果を出すためには、「貴社ならではの独自性は、きわめて重要」だということです。「勝ちパターン」と言う言葉自体は、皆様も良く耳にされる言葉だと思いますが、その実、独自性を発見して、勝ちパターンを生み出す方法を、**意外と多くの企業がきちんと体系的に理解できていないこともまた、事実です。**

たとえば、先のタブレットの事例では、ＡＢＣＤさんの４人の営業パーソンが、「これなら売れる」と言う、自分なりの「やりかた」を保有していましたが、この４人は、いずれの方も、その商談からはじまる「受注プロセス」において、独自のコミュニケーションや、営業手法を持って、見込み顧客に対して、アプローチをされているはずです。

何も考えていなければ、そもそも「こういうトークをしている」などという事も思いつくはずも無いわけですから、それが存在しないことはあり得ません。

一方、ここで問題になる事が、あります。

それは、このＡ～Ｄさんの「営業の引き出し」と言うものが、実は客観的に見れば、「他社と比較されても負けないクロージング（営業手法）」に、すでになっているにもかかわらず、それぞれが、彼らの「経験」と言う、言語化されていない状態で、彼らの「脳内」だけに保持されている事です。

実は、本書が「営業起点」と言っているのはまさにここで、「受注プロセス」の種は、実は彼らの持っているこれらの「経験」を、どのように「言語化」していくか……と言うことに尽きるのです。

前述のとおり、彼らはゴールの決定権を有する（サッカーで言えば）ＦＷな訳ですから、背の高い人には高いボールを渡したいですし、ドリブルが得意な人なら低いボールを渡す……と言ったような最適なアシストが提供されることが、彼らの営業力を最大化するための、「望ましいＷｅｂサイトのアクション」と言えることでしょう。

それが出来れば、各自はベストパフォーマンスを出せますし、お互いの持つ「やりかた」＝「言語化された勝ちパターン」＝「受注プロセスにおけるストーリー」が比較され、相対評価されれば、その先には、さらに精度の高い「受注プロセス」をも作れるからです。

さて、そこまで理解できると、実はこの話が、本章の冒頭のタイトルにあった「上手く行っていそうなＷｅｂサイトを丸パクリ……」と言う考え方とは、真逆の状態に置かれることに、皆様も気づかれると思います。

そう、実は、本来、受注の取れるＷｅｂサイトと言うのは、その会社だけが持っている、組織や人員、トークスクリプトなど……つまり、「営業の在りよう」をもとに構築されるものなのです。

それはつまり、Ｗｅｂサイトに掲載される「情報量」は勿論の事、「情報の見せ方」や、「情報の種類」も、その企業の「営業手法」「営業力」「営業組織」に合ったものでなければ、意味をなさない……という事です。

つまり、自社に売り上げをもたらす「Ｗｅｂサイト」をつくるために、誰もが何も考えずに使える「これさえやれば大丈夫‼黄金の方程式」など、ありえないということです。

たとえばそれは、商売の素人が「この交差点は、向かいの大手チェーン店のハンバーガー屋がいつも満席だし、需要もまだまだありそうだから、うちも、ここにハンバーガー屋をつくろう！」と、内装や外見ばかりを模倣し、出店してしまうのと同じです。

あたりまえですが、出店されたお店は、外見こそ似ていても、味も違えば、組織も違えば、ハンバーガーを量産する仕組みも無ければ、接客マニュアルもないわけです。

そんなお店は、開店したところで、間違いなくあっという間に潰れてしまうことでしょう。

Ｗｅｂサイトしかり、「表から見える情報」というのは、実際問題、しょせんその程度の情報量なのです。

特に、それが本来「受注プロセス」のような後工程が存在する「しくみ」ならなおことです。

いわゆるＷｅｂサイト戦略が健全に動いている組織では、外見のみならず、裏側に存在する「その会社、その組織にとって」、もっとも精度の高い「受注プロセス」が動くように考慮、設計され、あたりまえのように「自社独自のしくみ」として、実行されています。

つまり、「受注プロセス側」もまた、書籍に載っている程度の「これさえやれば大丈夫」などで賄えることは、ありえないという事です。

むろん、そういった知識やテクニックを、書籍や事例、研修などから学ぶことによって、

「自分たちにとって必要なものを取捨選択している」ケースは大いにあり得るでしょう。しかし、それにしたって「自分たちの営業手法や、組織から鑑みて、必要だと思うから使っている」という、一定の「まともな判断軸」が存在しているからこそ、効果を生み出すのです。

優れたＷｅｂサイト戦略とは、そういうものだからこそ、何もわかっていない第三者から、外見や、メニューだけを模倣されたところで、痛くもかゆくもありません。

なぜなら、模倣されたそれは、間違いなくただの「劣化コピー」になり下がりますし、そこから生まれた「引き合い」を支える「組織」や「しくみ」を持たない企業に、そこからの引き合いをさばくだけの、「業務の遂行能力」が、存在するわけもないからです。

「彼を知り、己を知れば、百戦殆からず」と言いますが、まさにココにも記載がある通り、「己を知らず」して、「彼だけ」を知ったところで、到底、自社が、市場で勝てる「Ｗｅｂサイトを活用した受注プロセス戦略」には、たどり着くことは出来ないという事です。

ましてや、見えている（模倣の）元が表面的なものだけなら、なおのことです。

・「営業起点」が、絶対に順守されなければならない理由

さて、それではなぜ、Ｗｅｂサイトに掲載する情報は、そもそも「営業起点」で作らねばならないのでしょうか。マーケティング組織が立ち上がり、自分たちなりにストーリーを構築さえできれば、別に営業起点ではなくても良さそうですよね。

なぜ、「営業起点」は「絶対」に順守されなければ、ならないのでしょうか。

この答えは、まさにＷｅｂサイトの「特性」に由来することです。

そもそも、Ｗｅｂサイトと言うのは主に、「外部（市場）」に向かって情報を発信する（集客を行う）自社のチャネルのひとつとして、位置づけることが出来ます。

イメージとしては、インターネット上に存在する、あらゆるサービス紹介の１つとして、軒先を出している状態です。多くの来訪者の方々は、みなさまのサイトを閲覧しつつも、競合のサイトも同様に閲覧することができ、それらを自分なりに比較する事もできます。

少し前の時代までなら、「目の前にある、見たもので純粋に決める……」と言う文化も

ありましたが、インターネットも一般化して随分と時間がたったこともあり、我々ユーザーは、意思決定のプロセスにおいて、かなり「利口」になってきました。

その端的な事例をひとつ挙げれば「単一の情報だけで、純粋に決めない」ことです。

具体的には「賢くなったお客様」は、通常、自社のサイトの情報を得た後に、「代替の手段を探す」「エビデンスを求める」「類似のサービスと比較検討を行う」などの、「比較・検討」の行為をするのが当たり前の時代になりました。

つまり、我々は「引き合いを得る」と言うタイミングから、すでに「競合」との比較を一定の水準でされていることになります。

さて、そういう状況下において、「受注」を得るために重要となる基本アクションは「より高い勝率を持つ（自分たちが売れると、あるいは、お客様に選んでいただけると確信している）勝ちパターンを、お客様に提示することです。

そのためには、「当たるか外れるかが良く分からない施策」を実験的に掲出するのではなく、まずは、「確実に一定の確率で成果を期待できるもの」を投下すべきです。

それをスマートに達成するために、既に存在する「営業の引き出しを使う」と言うのは、実に「筋の良い話」です。

それは、なぜか?

それをご理解頂くためには、「失敗したときのこと」を考えると、分かりやすいでしょう。

たとえば、もし貴社で、ある商品に対して「新しい売り方」をいきなりＷｅｂで実戦投入してみたとしましょう。そして、広告などで特定のターゲットに訴求した結果、「ほとんど期待通りの効果が出なかった」とします。

さて、お伺いしたいのはココからです。

このプロモーションが失敗したのは、

（1）プロモーションで訴求した「内容が」悪かったからなのでしょうか。それとも、
（2）プロモーションを仕掛けた「対象が」自分たちの狙いと違ったからなのでしょうか。

お分かりでしょうか。極端な例をあげれば、企業の人事課題を解決するソリューションを、女子高生にプロモーションをしかけると、これは考えるまでもなく、大失敗します。

その場合は、この「失敗」は、先の例で言う（2）に該当するはずなので、「ターゲットを変更しさえすれば、まだ上手く行く可能性」が残っています。

しかし「そもそも、訴求している中身」が悪かった場合、ターゲットをどれだけ変更してみせても、いつまでもこの施策は、日の目を見ることは無いでしょう。

したがって、Ｗｅｂサイトの訴求における「勝ちパターン」を持たない（特定できていない）、で「世の中に繰り出す」という事は、言い換えると、

（1）自分たちの商売のやりかたや、訴求の仕方そのものが、間違っているのか
（2）自分たちの訴求する相手が、たまたまミスマッチだったのか

この「どちらに問題があるのか」を特定できない、という課題に直面することになるのです。

そこを、一足飛びにクリアできるのは「過去に売れた実績」しか、ありえません。

なぜなら、「過去に売れた実績」と言うのは、**実は、「そもそも、他社と比較検討され、貴社に決まった経緯を持つ、売り方」であることが証明済みの、ある種「間違いのない売り方」だからです。**

だからこそ、まずは、それを「言語化」し、「ストーリー」として再現できれば、少なくとも、先の（1）は、ありえないだろう。と、確度の高い予測と、成果を期待することができます。

「営業が実績を出している売り方」を「勝ちパターン」と計算できる「ストーリー」に変換することが出来れば、その施策の成果を「数字」にし、それに対して「新しい売り方」

を比較するだけで、より、高い精度を確立し、貴社の売上に寄与していくことができるようになります。

いわゆる、「マーケティングが上手な企業」のＷｅｂサイトには、かならず、この「ストーリー」が存在しており、それが数値となり、管理され、改善され、成果を生み出しているのです。

これこそが、ビジネスのデジタル化が出来ている企業と、ダメ企業の「戦略の差」です。

そして、そのストーリーが、独自性を持って展開され、認知から、売上までの流れを繋げることができたとき、それが貴社の「独自性を活かした、勝ちパターン」になっていくのです。

私は、みなさまが真に信じるべきは、これまでみなさま自身が、実際の業務、営業の中で培ってきた「知識」や「経験」、「成功体験」、つまり「自分自身」であるべきだと思っています。

なぜなら、それが今日の貴社を成しているという「事実」が存在するからです。

その実績を信じずして、「その道のプロが、これさえやれば良いと言ったから」を、信じてしまうのは、私は、あまりにも貴社にとってもったいない「機会損失」だと思います。

だからこそ、どうか、「営業起点」と言う考え方を、くれぐれも忘れないようにしてください。

2. 成果を生んでいる、Webサイトの「戦略」は、ココが違う

・「営業起点」からの設計が生み出す、自社組織全体にとっての「3つのメリット」

先ほどまでは、Ｗｅｂサイトを活用した、受注プロセスの、大前提となる「勝ちパターン」の在り方についてお話をしてきました。

ここからは、もう少し「突っ込んだ」話、つまり「戦略」の話に移っていこうと思います。

具体的には、現代型ビジネスを行い、競合から一歩抜きんでて、競争に打ち勝つためのＷｅｂサイト戦略、受注プロセスを形成するために、具体的には、「Ｗｅｂサイト」は、何をすれば良いのか……と言う話です。

こういう話を考える時、多くの企業が、ＳＷＯＴ分析だ、４Ｐだ、と、既存のマーケティングメソッドの活用などの「大枠の話」ばかりを考えて、研修などを受けようとしてしまいがちです。

しかし、本書の冒頭からずっとお伝えし続けている通り、「貴社はすでに市場に存在し、『競合他社に勝てる、お客様に選んでもらえる何か』は持っている。だからこそ今日まで生き残ることができた」と言う事実が存在しています。

ですから、今さらフレームワークを見直したところで、せいぜい「現状把握」が出来る程度でしょう。やるべきことはそこでは無くて、要は、その事実を、どうやって現代の作法に乗せるのか。

つまり、「マーケティングの本質」を理解しつつ、目の前の課題である「Ｗｅｂサイト」と、「受注までのプロセス」をつなぐには「どうすればいいのか？」を、あくまでも「営業」を起点に、シンプルに考えれば良いのです。

順を追って、話を整理してみましょう。

本書の、これまでの章で、私がずっと述べてきたことは「営業を起点」に、「過去の売れた経験」を「言語化」し、それを「Ｗｅｂサイト上に表現する」……と言うお話しでした。

そうしたほうが良い理由から整理してみると、私の経験上、３つの大きなメリットを挙げる事が出来ます。それは、以下の３つです。

１、営業組織が慣れている「自分たちの売り方」のため、営業フェーズの実務がややすいから
２、過去の成功体験を再現しているため、そもそも「筋」が良い話になりやすいから
３、組織としての取り組みが、全社的に「正しく」合意形成しやすいから

１は、「言わずもがな」でしょう。特に長い営業経験を持っている方（組織）ほど「自分の型」を持っています。会話の量、説明する口調、話すスピード、伝える内容（キラートーク）など……。

基本的にこれらの個性は、「長所」と考えることができ、そのパフォーマンスを最大化してもらうためには、とにかく「彼らの持つ個性を最大限に生かす」事が重要になります。

私が、常日頃から思っているのは、一般的に「マーケティング組織」とか「ビジネスの

デジタル化」と言った時に、営業職の方々の心象が時としてあまり良くない時のパターンは、そういった施策を実行する際、彼らの「これまでやってきた商売の在りよう」を尊重せず、大上段から、

「明日から、我々の分析に従って、これをやってください」

のような「新ルール」を、マーケティング組織側から一方的に押し付けてしまうようになるから……と言う側面が、多分にあると思っています。

本来、マーケティング機能と言うのは、営業組織の在り方を「楽にする」ものであっても、「敵対する関係になる」ことはあってはなりません。と、**いうのも、そもそもこのＷｅｂサイトを戦略的に活用するための肝は、「Ｗｅｂサイト」側ではなく、「受注プロセス」側に存在するからです。**

だからこそ、もっとも受注に近い、彼らの部分から、話を始めなければなりません。

2については、先ほど解説をしましたので、ここでは詳細は割愛しますが、「Ｗｅｂサ

イト」の特性を考えた時に、その方が、リスクが低く、軌道修正がしやすいから。と言うのが話のポイントでした。ここの考え方も、「理屈で考えれば、そうなるな」と言うのはご理解頂けると思うので、大きな異論はないと思います。

しいて、追加のお話をさせて頂くとすれば、「そうであっても、仮説だけでやらないといけないケースも存在する」という事です。たとえば、これまで自社に（あるいは市場に）存在しなかった、「新規プロダクト」を扱う際は、そもそもの「成功体験」が存在しない訳ですから、これはもう、仮説を持って取り組むほかありません。

ただ、覚えておいて頂きたいのは、「たとえ、仮説であっても現場の意見から練り込んで、話を構成する」ことこそが、何よりも重要であると言う事実は、変わらない……という事です。

結局、どんな商談であれ、「話を最後に締める人」が納得していないものが、満足な確率で売れていくはずがありません。だからこそ、経験が無ければないなりにでも「言語化」し、共通認識として持っておかないと、これもやはり「やりっぱなし」になってしまうのです。

さて、重要なのは、本章で追加になった「3」です。

実は、これがこの章で「本当にお話しをしたかった部分」です。

「組織としての取り組みが、『正しく』合意形成しやすい」とは、どんな意味を持つのでしょうか。

その効果を一言で表現すると、私は、それは「責任分解」だと思っています。

Ｗｅｂサイトから、受注プロセスに乗せ、それを商談～受注につなげていく「受注プロセス戦略」には、必ず発生する「避けられない要因」があります。

それが、「企業内における組織間（いわゆる、横の）連携」です。

そして、複数の組織が1つの施策のうえで関係性を持つとき、特に日本の企業社会において、不明瞭になりがちなものが存在します。それが、「だれのせいで○○した」とか、「誰のおかげで○○になっている」という、「責任」の部分・所在の話なのです。

少し話が脱線しますが、私がむかし講演などをしていた、（デジタル）マーケティング業界の、カンファレンスなどの楽屋話でよく冗談で語られていた「残念なあるある話」として、「アレおれ詐欺」と言う冗談話があります。

簡単に解説すると、ある特定の施策が世間的に評価され、あるいはちょっと目立つような動きがあったり、あるいは企業の名前そのものにブランド力が一定ある時、なぜか、その会社の、「元マーケティング責任者」などが登場し、「アレは、俺がやった」と講演する……と言う話です。

まあ、冷静に考えれば、そのように大きな施策を、ひとりで成し遂げられるはずもなく、その栄光ある（と本人が思っている）「アレおれ話」は、社内や、裏事情を知っている人間からすると、「また、お寒いことやっているよ……あれ何回目だ？」としかならない訳なのですが（閑話休題）。

とにもかくにも、何が言いたかったかと言うと、このように人間と言うのは、「良い話」は自分の手柄にしがちですし、逆に「悪い話」は、別の部署や、会社組織のせいにして、自らは雲隠れを決め込む……と言う悲しい性を持つ人も存在し、自分がそうしないように気をつけていたとしても、複数の人間がいれば、誰かがそう言いだしてしまうのも仕方がないものだと思います。

だからこそ、「企画・設計」の段階で、その責任の所在を「明確」にし、あるいは「分解・共有」することで、ある種の「共犯関係」を構築するのです。

それは要するに、

「関係者全員が、このプロジェクトを他人の仕事だとおもわずに、自分ごと化する」

と、言い換えることもできます。

つまり、成功も、失敗も「分かち合える」関係。

あるいは、責任の所在が明確になることで、「誰が悪い」という責任のなすりつけ合いをせず、平等、かつ、合意形成がされた、フェアなルールが構築された状態。

その関係が前提条件に存在することで、

「どのような施策の結果であれ、それを、すべての組織が、平等かつ素直に受け止め、迅速に、その対応、あるいは改善のために、建設的な議論が出来るようになる」のです。

たとえば、営業組織には、過去の成功から構築された商談の営業トークを、確実にクロージングさせることが求められます。

そこにアポイントを供給する組織が存在する場合、アポイントの精度は、「営業がクロージングを決めるために望ましい形」であることが必須であり、「とにかく何でもいいから、話を聞いてください」なんてアポの取り方は、間違っても出来なくなる事でしょう。

もっと手前に戻れば、そういうアポイントを取らないといけない状況を作り出すのは、そもそも論、「マーケティング部」のＷｅｂサイトの引き合いの取り方です。

その取得方法が、「面談してくれたら○○のギフト券を差し上げます」の様になっていたら論外ですし、やはりここにも「供給する側の、品質に対する責任」が求められるのです。

Ｗｅｂサイト受注メソッド戦略とは、そのような「手抜きの無い、横断的な組織」のうえで、はじめて本格的に機能をしていきます。Ｗｅｂサイトを孤立させず、受注プロセスとの連結を成しえる「戦略」実現のためには、「責任」の観点は外すことのできない重要な要素と言えるでしょう。

3.Webサイト戦略を機能させるための「マーケティング部」の動き方

さて、ここまでの話は、Ｗｅｂサイトそのものにおける「外側に向けたメリット」のお話しと、その、Ｗｅｂサイトが戦略的に稼働するための、必要要件および、自社組織全体にもたらす「内側に向けたメリット」についてのお話をさせて頂きました。

ここからは、それらの前提条件を元に、さらに、「デジタル上において成果を出す」ための「コミュニケーション設計における基本」を解説します。具体的には、「営業起点」と言う考え方で生まれた戦略を、実際にどのように「マッチングさせるのか?」、そして、その時に「マーケティング部」が、「何をすべきなのか?」について、お話ししていきたいと思います。

・デジタルの世界におけるコミュニケーションの常識を知ろう

さて、みなさまが「やるべきこと」の概要は、これまでの解説で、何となく見えてきたと思います。実際に、すぐに作ってみたい！　と、なっているかもしれません。

しかし、その前に、みなさまの「営業起点のストーリー設計」の精度をより、向上いただくために、それらを表現する「デジタル」と言う世界について、理解を深めましょう。

実は、デジタルの世界における本質については、業界の大御所ともいえるグーグル（Ｇｏｏｇｌｅ）が、ある程度の回答をすでに出しています。

いわゆるマイクロモーメントと言う概念の解説の中で、彼らはそれを説明しているのですが、今回の解説に必要な部分だけを抜き出すと、

「人間のデジタル上における行動は、４つの意志からしか成立しない」

という言葉が、まず非常に重要です。どういうことか少し解説しましょう。

まず、４つの意志ですが、これを具体的に申し上げると、「したい」「行きたい」「買いたい」「知りたい」の４つです。我々はＷｅｂなどのデジタル空間において、何かを「し

よう」と考えたとき、実際は、突き詰めてしまうと、この４つの意志の枠組みから逃れることが出来ません。

たとえば、レシピを知りたい。東京駅に行きたい。何か、やりかたを知らないことがしたい、あるいはそれについて知りたい……など、検索行動、あるいは、デジタル上での情報収集に関する行動は、すべて、この４つの意志に集約されてしまうのです。

「じゃあ、なんとなくヤフーのトップページを見るのはどうなの？」と言う質問に対しても、最新のニュースが「知りたい」とか、検索が「したい」とか、結局は、この４つに収まりますし、それがユーチューブ（Ｙｏｕｔｕｂｅ）などの動画サイトやＳＮＳであれ、「暇をつぶしたい」とか、「楽しい動画が見たい（したい）」といった感じで、４つのいずれかに収まってしまうのです。

何が言いたいのかというと、**デジタルの世界とは、基本的には、そういった「感情＝インサイト」が先行する世界だと言うことです。**

つまり、デジタルで行動をしている人間は、基本的には「何かを求めている」あるいは、「何かに困っている」ことが「あたりまえ」、だということが、大前提なのです。

・受注プロセス構築において「マーケティング部」が、果たすべき役割とは

ひるがえって、貴社の扱っている「製品・サービス」について考えてみましょう。
実は、貴社の製品が果たすべき「役割」は、すべて「価値」に変換をすることが出来ます。

その、アプローチ設計についての考え方は私の前著である、『「営業」をデジタル化し、「経営」を加速させる、「強い」マーケティング組織のつくり方』の方に詳細を書き記してありますが、ここでは端的に結論だけを書かせて頂くと、

「ソリューションとは、必ず顧客の『何か』を解決するもの」という言葉に集約されます。

つまり、デジタル上の行動の起点が「4つの意志」でしかないように、みなさまの常日頃販売されているサービスや、商品は、常に「誰かの、何か（課題・意志）を、解決するために」しか存在していません。

理由は簡単です。
皆様のソリューションをお客さまが「知らないとき」、その方は、「何かを諦めながら（あ

るいは、仕方が無いと思いながら）、既存の「代替手段≒常識」を選んでいるからです。

たとえばそれは、ＢtoＣ事業のみならず、ＢtoＢ事業でも顕著にみることが出来ます。

ただし、注意したいのは、それらは確かに『解決すべき、何か』ではありますが、お客様が「直接的に、その事象に困っているとも限らない」……という事です。この説明だけだと分かりにくいと思いますので、少し事例を出してお話をしてみましょう。


ある企業が、たとえば、それぞれ以下のような『課題』を持っていたとします。
①新規事業をやろうと思っているのだが、この部分のリスクがクリアできない
②繁忙期をしのぐために、シフト管理をしているが、どうにも人手が足りない
③機械の軽量化による脱炭素に取り組んでいるが、設計の見直しに苦労している

このような状態の課題に、たとえば、以下の様に価値訴求が出来ます。
①「そのリスク、実は、弊社の手段で解決できます」とか、
②「弊社のシステム導入があれば、そもそも、人的リソースは不要になります」とか、
③「実は、素材を弊社の製品に変えれば、設計変更は、もう不要です」とかですね。

ところで、これらの解決案の出し方は、同じような構成に見えて、少し違います。①は、「リスククリアできない」と言う課題に対し、直接的に「解決できる」と言っています。

ところが、②と③は、少し毛色が違います。

「そんな問題は、そもそも考えていること自体が古い」と、言い出しているんですね。

これこそが、多くの企業がマーケティングで表現すべき「価値創造」なのです。つまり、それは「新しい価値の提供」であり、「既存の手段を代替する何か」となります。

この訴求の重要なポイントは、相手の「お困りごと」が、「人的リソース」や、「設計変更」と、思い込んでいる「常識」に対して、「そんな考え方をする必要は、もはやありません」と、訴求することで、読み手に「新たなる気づき（価値）」をあたえているという事です。

そして、この訴求の仕方が、相手の興味を揺さぶる事は、間違いないでしょう。なぜなら、彼らにとって、貴社の提案した「解決策」は「画期的な手段」にしか、見えない訳ですから。

・現場の答えを「聞き」、顧客の視点で「見る」

さて、それでは今のような「言葉の置き換え」は、どのように成立させるべきなのでしょうか？

……お待たせいたしました。いよいよ、ここからが「マーケティング部」の本領が発揮されるポイントです。

たしかに、さんざんお伝えしてきた通り、コミュニケーションの「起点」は営業にあります。

具体的には、商談時、あるいは商談後、または、その先のユーザーになっていただいた折でも構いません。お客様が「具体的におっしゃっていたこと」です。

それを思い出せば、そこが起点になるからです。

たとえば、起点とは「いやあ、お宅の商品はココが素晴らしいよね」とか、「貴社を選んだ理由は、営業の○○さんの人柄なんだよね。実は、初めてで良くわからなかったんだけど、サポートしてもらって本当に助かったよ」とか、営業の方々が、いつか、どこかですでに受け止めたそういった言葉・経験から生じるからです。

しかし、それら「営業の経験」は、実は「そのままでは」使えません。

それらを思い出していただき、「じゃあ、あれって結局、どういうことなのだっけ？」と、一歩踏み込んで考えて、「価値」と言う形に変換（翻訳）する必要があるのです。

それが、本当の意味での「お客様の視点」という事なのです。

そうやって考えた時、おそらく頂いたそれらの言葉の中には、**「貴社が、（競合に打ち勝ち）最終的に選ばれた理由」が、既に存在しています。**

あとは、その理由が「何なのか」を突き止めて「価値」に置き換えるのです。

事例を挙げてみましょう。たとえば、ここに「飲むだけで痩せるダイエット飲料（正しくは下剤）」があり、貴社は、それをＷｅｂサイトの来訪者に販売したいと、考えていたとしましょう。

自社の営業や、商品開発の人々は、彼ら自身の経験から自社の「ダイエット飲料」が顧客に何をもたらすのか?を知っています（ただし「自分の視点でなら」知っています。と言うのが正解なのですが……）。

つまり、それは、

「これを飲むと、整腸作用で、お通じが良くなるから痩せる」
「具体的にはこういう成分が作用している」
「他社と比較しても即効性が高い」

などの情報を、「興味のあるお客様に、具体的に説明するため」には、とても良く理解されており、言語化もされている。という事です。

しかし、残念ながら、これは、この時点では「お客様の言葉」では「言語化」されていません。

これらは、「社内にある事実でしかない」からです。

マーケティング部の仕事は、これらを「お客様のことば」に変換・翻訳し、「需要」にまで、巻き戻していくことです。それは、何かの商品を売ろうとしたときに、それが売れるための「価値」を掘り出して、施策に「逆引き」して、戻してあげる行為です。

たとえば、それは、先の「飲むだけで痩せるダイエット飲料」について、

「来週の大切な記念日、ポッコリお腹の解消は、まだ間に合います！」とか、

「同窓会、せっかくだから少しでもキレイになりませんか？」とか、

お客様が求める「お困りごと」を解決する「手段」に変換・提案できる能力です。

つまり、各々の「価値」に、それを理解してもらうための、各々のストーリーを作ることこそが、マーケティング部が果たすべき「顧客視点」を活かした大切な役割なのです。

なお、これは、ＢtoＣのみならず、ＢtoＢの事業でも十分に成立することができる話です。たとえば、貴社のある定期契約型のサービスが、品質としては競合と大差がないものの、貴社のスタッフのケアの良さに惹かれて契約されていたことが「価値」ではないか？　と仮説設定したとしましょう。

だとすると、それをメッセージまで「価値」と言う軸で巻き戻してあげると、「初めての方でも心配無用です」と言ったようなキャッチコピーを作ることができることでしょう。

そういうキャッチコピーで、ユーザーを自社のＷｅｂサイトに引き付けたのならば、次のコミュニケーションは、「なぜ、安心なのか」を説明したり、「具体的には、どういう内容なのか」を解説したり、「実際、他のお客様は、どう感じているのか」などの事例を紹介することもできるでしょう。

このように、相手の「フェーズ（理解の深さの段階）」に併せて、こちらも段階的に、そのタイミングで、必要、かつ最適な情報を伝えることで、貴社は、自然な形で、相手に商品の魅力と、貴社への信頼感を構築していけるはずです。

この一連の流れこそ、マーケティングにおける「顧客視点のストーリー設計」の基本思考です。

それが組み上げられたら、次は、その設計（必要な情報を必要な時に届ける）を果たすための役割を、自社の体制にあわせて割り振っていくことになります。

たとえば、「貴社だと具体的にどうなるのか？」という細かい話は、当然商談の席で話されるはずですから、これは「営業組織」の役割となるでしょう。

その手前にある、「他社の事例や、簡易的なシミュレーションで概算を伝えてあげる」のは、あるいは電話口でもできるかもしれません。ですから「インサイドセールス」の役割になり得ます。

しかし、そういう電話での会話を成立させるには、相手がそもそも「この商品、サービスは経験の浅い弊社にとって最適のようだが、どうだろう？」と、その概要までは理解していただいておくという、「前提条件」が必要となります。

と、なると、Ｗｅｂサイトの役割、「掲載すべき重点情報」は、その辺りの部分になるはずです。

「課題」起点をもとに、相手が情報を読み進めて「なるほど、これは良いかも」と思えば、そこから更に、事例集などをダウンロードすることもあるでしょう。

そのために、メールアドレスや連絡先を頂戴できたとしたら、次のアクションは、「簡易的なシミュレーションが出来ますが、いかがいたしますか？」と商談に繋げれば良いのです。

これこそが「受注プロセス」を持つ、Ｗｅｂサイトの「組織的・戦略的」な、動きなのです。

企業にはそれぞれの歴史があり、特徴があり、商品、サービス、企業体制も千差万別です。で、あればこそ、貴社の経験、実績をもとに構築されたストーリー施策は、**それこそ、世界に一つだけの貴社ならではの「勝ちパターン」を創ることができます。**

そして、それが最も得意なのは、もっともお客様に近い「マーケティング部」の仕事です。

なぜなら、マーケティング部こそが、「物が売りたい」という自社視点ではなく、「お客様の『困った』を解決したい」という、お客様側の視点に立てる、「社内で唯一の存在だから」です。

私のお客様（コンサルティング支援先）の中には、これら営業のストーリー作りを、「営業各人が自らできるように、学習、訓練」させていく一方、マーケティング部には、その「啓蒙」と「顧客視点でのチェック機能」の役割を担わせている企業様もございます。

組織の在りようは様々ですが、私はこのやり方も理想のひとつだと思っています。現場の人間や、開発者、技術者が、顧客目線を持つことに、メリットこそあっても、デメリットなど、存在するわけもないからです。

ぜひ、貴社の組織・文化に併せて「最適解」を見つけて頂けるとよいのかなと思います。

さて、本章では、ビジネスのデジタル化を推進するための、Ｗｅｂサイトの基本から、戦略設計の考え方、ならびに、それを組織間でつなぐマーケティング部の在り方について説明しました。

ぜひ、みなさんにも実践していただきたいと思いますが、もうひとつ、現代型のビジネスを成立させるための、Ｗｅｂサイト受注プロセス戦略を組みあげるうえで、なによりも重要なことがあります。**それは、貴社の「受注メソッド」の「体系化（パッケージ化）」の話です。**

これをなくして、マーケティングの組織間の連携や、ビジネスの仕組みのデジタル化（受注メソッド）＝勝ちパターンが組みあがることはありません。

受注メソッドと体系化は一対と言えるものであり、**体系化されることで、はじめて受注メソッドは、Ｗｅｂサイトと言う場において効果を発揮し、組織間を連動させ、動かし始めるからです。**

それは、具体的には、貴社ビジネスのデジタル化が、売上、利益に貢献することに直結します。

次章では、体系化の強烈なメリットと、貴社のビジネスの仕組みのデジタル化における販売力を高める具体的な方法について、説明していきます。

第5章

売上をもたらすWebサイト受注プロセス戦略のつくり方

1.「受注プロセス戦略」が企業にもたらすもの

・「Webサイト　受注プロセス戦略」は、パッケージ化できる

さて、これまで、みなさまでもやりやすい独自性を持つＷｅｂサイト戦略　受注プロセスのつくり方、その際に「マーケティング部」がどうあるべきか？　などをお伝えしてきましたが、読み進める中で、そのやり方に絶望を感じた方もいらっしゃるかもしれません。

やる事は分かったけど、かなり大がかりな話にしか見えない。実際Ｗｅｂサイトを作るだけなのに、こんなにたくさんやる事があるのなら、出来るわけがない……と。

たしかに「お手盛り」で、考え、設計しようとするすべてを、その都度「手作業でつくるのなら」そうなる事でしょう。

しかし、それは「その仕事をやったことが無い人が、何も知らないまま、都度、手探りでやっていた場合」です。

実は、こういった「Ｗｅｂサイトの在りよう」や、その戦略をつくるための「営業起点

の言語化」、あるいは、「受注プロセス」と、組織における役割分担、つなぎこみは、マーケティング組織などを元々持っていなかった企業でも、十分に実現することが可能です。

もちろん、手間と時間を掛ければ誰でもできる……と言っているのではなく、簡単なやり方があるのです。それが「パッケージとして創る」と言う考え方です。

そもそも、「見込み顧客の興味喚起」からはじまり、「資料などのアクション」を起こし、そこで「アポイント（商談）」を獲得して、「受注」までつなげる……と言うのは、個別でバラバラに存在することはありません。

したがって、それらをまとめるＷｅｂサイトと、受注プロセスの戦略は、「個々別々の戦術の集合体」と考えるよりも、「ひとまとまりの戦略パッケージ」として考える方が、あらゆる意味で、圧倒的に都合が良いのです。

まずは、なぜ「パッケージ化」すべきなのか？　その「４大理由」について解説させて頂きます。

・パッケージ化すべき理由1　「訴求が連動しないと、そもそも機能しない」から

Ｗｅｂサイト構築における「営業起点」で始まる「受注プロセス」の役割・重要性などは、これまで本書の中でも何度も解説してきましたが、その施策効果を考えた時に、間違いなく断定できることがあります。それが、一連の施策は「数珠繋ぎ」のようになっていることです。

つまり、「点」ではなく「線」として考えられていると言うのが、ポイントです。

これは、ストーリーと言う考え方から来る「話の接続」と言う意味を持つと同時に、それに伴って「資料も連動していく……」という事を意味します。先ほどの章でも解説していたストーリーを、あらためて「受注プロセス」における一連の「設計思想」について整理・解説してみると、

1、「キラートーク」が必ず使える、受注しやすい商談を「再現」したい

2、「キラートーク」を話すために必要な前提条件を「アポイント」時に整える

3、「アポイント」の方向性が限定されるような「引き合い」を創り出す

4、「引き合い」をつくるための情報の在り方や、情報量が決まる

と、言う「巻き戻し構造」の立て付けです。

理屈だけを述べるより、実例で見せたほうが分かりやすいので、二章で登場させた「タブレット端末」を例に考えてみましょう（図を次ページに再掲載しておきます）。

たとえば、Ａさんの「受注プロセス」を再現するためには、

1、Ａさんは、商談時に「防水性」における「詳細な試験データの話」が、絶対にしたい
2、そのためには、事前に「耐水性が3倍出せる」と言う簡易的な結論は伝えつつ「実際のデータをお見せしますので、お話ししませんか？」という形でアポイントを取りたい
3、アポイントの前提を調えるには、Ｗｅｂサイトでダウンロードされる資料の内容は、詳細なデータは開示しないが、「3倍の成果」までは、伝えるものとしたい。
4、その前提を調えるために、Ｗｅｂサイトに掲載する情報は、「激しい雨の中での操作性、長時間の浸水、防水に対する2種類の実験で圧倒的な効果を証明。従来品の3倍に届く数値も出てきました」などと訴求し、「どの項目が3倍だったのか」を知りたいユーザーに、資料請求をしてもらうものとしたい

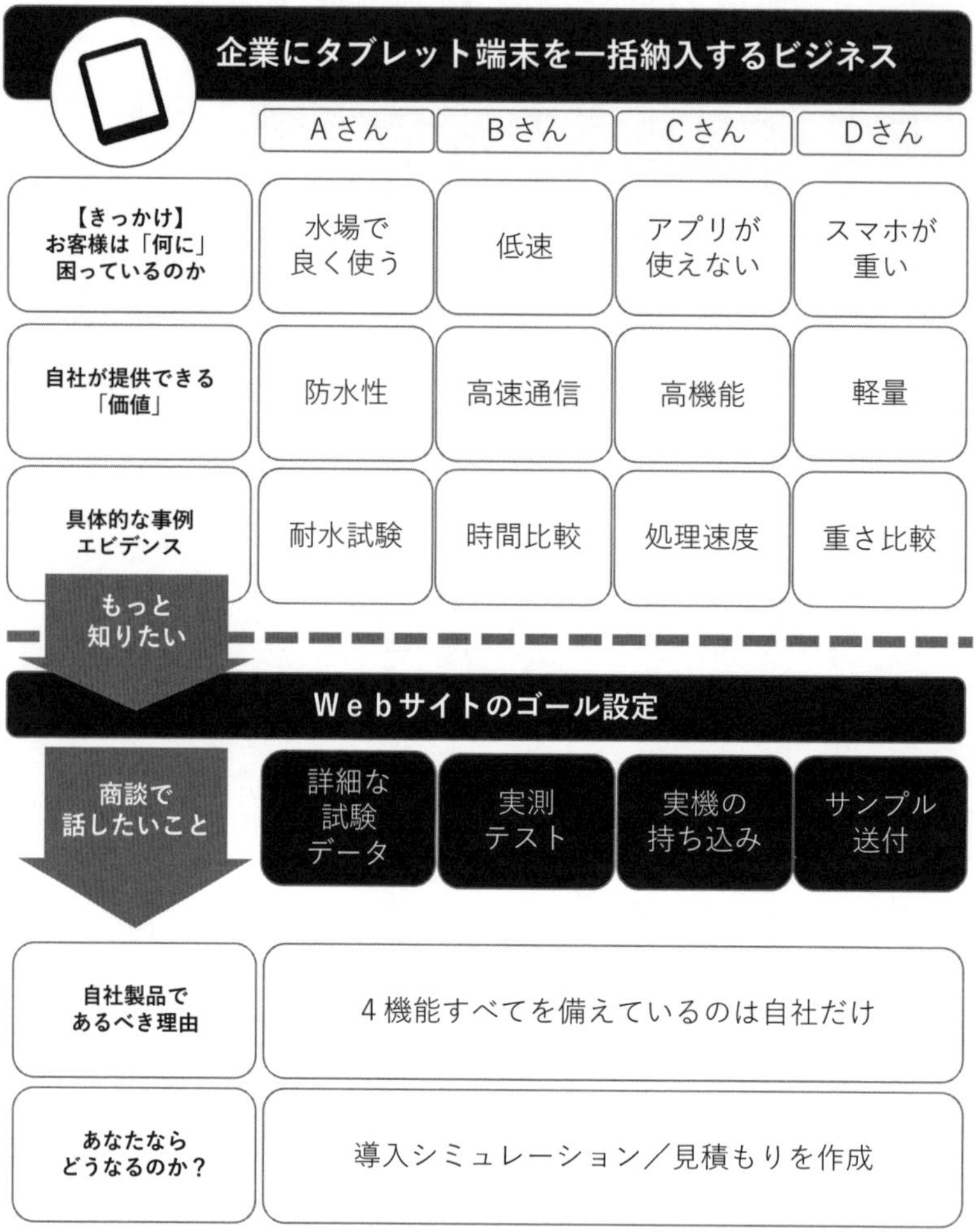
企業にタブレット端末を一括納入するビジネス
Aさん
Bさん
Cさん
Dさん
【きっかけ】お客様は「何に」困っているのか
水場で良く使う
低速
アプリが使えない
スマホが重い
自社が提供できる「価値」
防水性
高速通信
高機能
軽量
具体的な事例エビデンス
耐水試験
時間比較
処理速度
重さ比較
もっと知りたい
Webサイトのゴール設定
商談で話したいこと
詳細な試験データ
実測テスト
実機の持ち込み
サンプル送付
自社製品であるべき理由
4機能すべてを備えているのは自社だけ
あなたならどうなるのか？
導入シミュレーション／見積もりを作成

と、なるでしょうし、Ｂさんの「受注プロセス」なら、

１、実測テストがされるような商談が作りたい
２、そのためには、アポイントを取る際は、「貴社の環境で実際の数値がどうなるか、お試しいただけます！」をアポイントのフックとしたい。
３、アポイントのきっかけは、「カタログスペック」なので、Ｗｅｂサイトからダウンロードする資料の中身は、様々な環境における試験結果を掲載したい。
４、Ｗｅｂサイトには、「様々なエリア、環境（自然の中、ビル街、地下など）で、高い数値を出しました。最大秒速◯◯のエリアも！　詳細なスペックを配布中！と表現したい。

の様に作れます。以降、Ｃさんも、Ｄさんも同様に「受注プロセス」は、つくれるわけですが、それらすべては、「商談」から逆引きされるため、必然的にＷｅｂサイトに掲載される情報量も「これしかない」と言うポイントまで限定されていきます。

その証拠に、二章でお話しした「ラダー（はしご・訴求の段階）」を変えた時に、どういう風に変わるのかを、解説してみましょう（これも次項に図を再掲しておきます）。

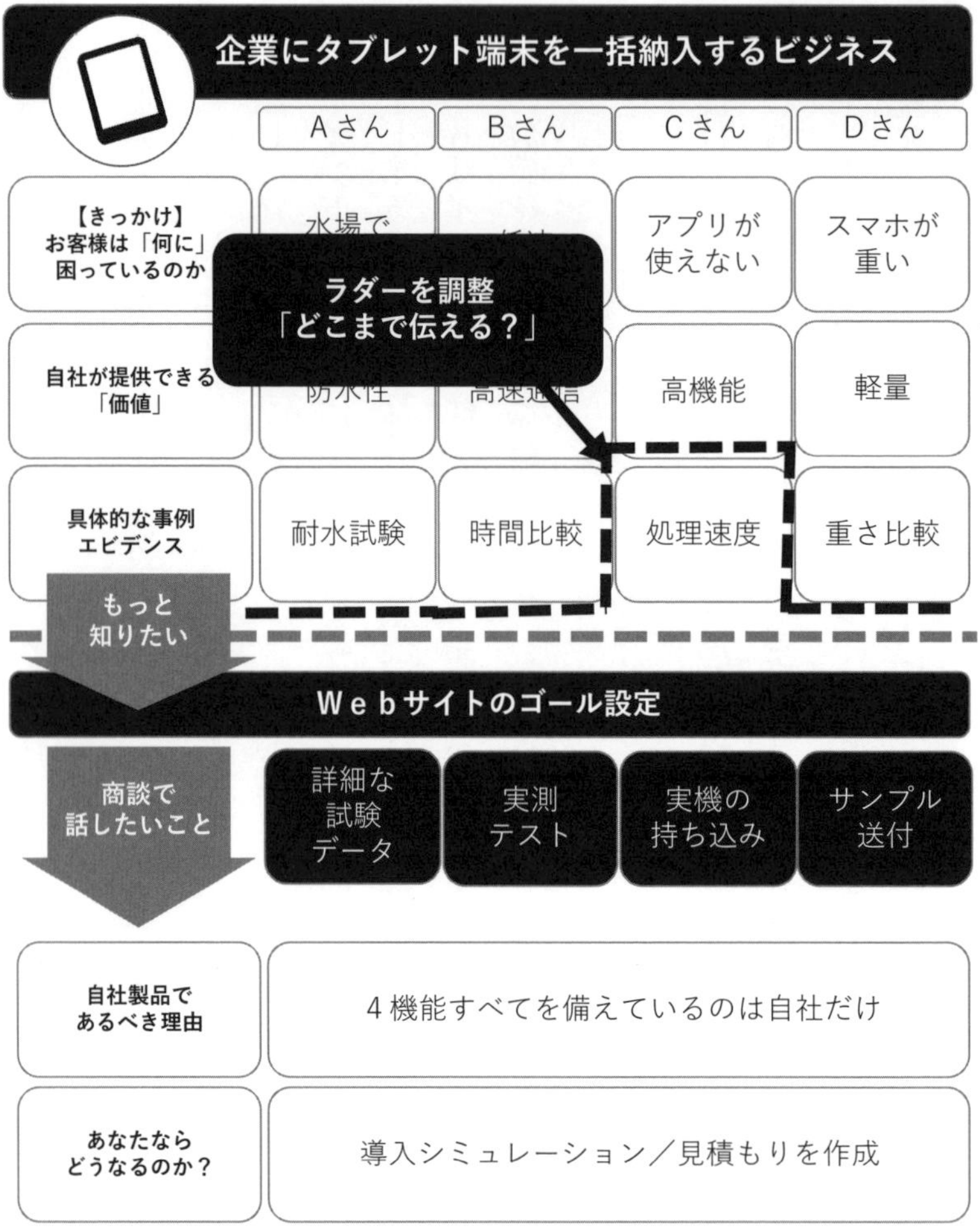
企業にタブレット端末を一括納入するビジネス
Aさん
Bさん
Cさん
Dさん
【きっかけ】
お客様は「何に」
困っているのか
アプリが
使えない
スマホが
重い
ラダーを調整
「どこまで伝える？」
自社が提供できる
「価値」
高機能
軽量
具体的な事例
エビデンス
耐水試験
時間比較
処理速度
重さ比較
もっと
知りたい
Webサイトのゴール設定
商談で
話したいこと
詳細な
試験
データ
実測
テスト
実機の
持ち込み
サンプル
送付
自社製品で
あるべき理由
4機能すべてを備えているのは自社だけ
あなたなら
どうなるのか？
導入シミュレーション／見積もりを作成

ここでは、前章でラダーがあがったCさんの前後の受注プロセスを「比較」して考えてみます。

もともとCさんの「受注プロセス」は、

1、実機を持ち込んでクライアント企業のアプリを入れて、操作・体感してもらいたい
2、そのためには、アポイントを取る際は、「実機をお持ち込みするので、貴社のアプリで、実際にお試しいただけます！」をアポイントのフックとしたい。
3、アポイントのきっかけは、「カタログスペック」なので、Ｗｅｂサイトからダウンロードする資料の中身は、様々な企業の複雑なアプリでも処理速度を維持した「事例集」にしたい。
4、そこで、Ｗｅｂサイトに掲載する情報は、「様々な企業、要求スペックの高いアプリでも、ほとんど処理落ちしない、高い処理性能を維持出来ました。実際の数値・事例は資料にて配布中」としたい。

でした。

しかし、実機の持ち込みは負荷が高く、その手前を商談のフックに出来ないか？　と、考えたCさんは、「受注プロセス」の構成を、次のように一段階の変更をさせました。

1．商談で持ち込むのは、様々な企業でスペックを維持した「事例集の詳細版」としたい。商談の場かぎりだが、事例の企業で用いているアプリや、メジャーなアプリを入れたテスト端末を見せ、目の前で操作。「もしご興味あれば、貴社でも試験的に導入してみませんか？」と、テスト的に導入するキャンペーンを案内し、後に購入が可能な、レンタル契約を訴求、数か月は体感してもらいたい。

さて、それでは、このルールを基準に「巻き戻して」みます。

2．そのためには、アポイントを取る際は、「事例をお持ち込みして、商談の席だけでお話しできる数値や、事例に出てくる端末もお見せします」をアポイントのフックとしたい。

3．アポイントのきっかけは、「事例の具体的な内容」なので、Ｗｅｂサイトからダウンロードする資料の中身は、様々な企業の複雑なアプリでも処理速度を維持した事例集だが、詳細な数値は開示せず、「従来の○倍○になった」など、概要だけが分かるものにしたい。

４．そこで、Ｗｅｂサイトに掲載する情報は、「様々な企業、要求スペックの高いアプリでも、ほとんど処理落ちしない、高い処理性能を維持出来ました。有名企業の採用事例集を配布中」としたい。

前後を良く見比べてみてください。

施策の改善前後で、受注プロセスに「変化」が発生した結果、それが「Ｗｅｂサイトの情報量にまで影響した」ことに、お気づきでしょうか。

これが、受注プロセスが「パッケージ」で考えられなければならない理由であり、検証、改善の基盤となる世界観です。あたりまえですが、Ｗｅｂサイトに出ている資料の訴求方法が、

「様々な企業、要求スペックの高いアプリでも、ほとんど処理落ちしない、高い処理性能を維持出来ました。実際の数値・事例は資料にて配布中」から、

「様々な企業、要求スペックの高いアプリでも、ほとんど処理落ちしない、高い処理性能を維持出来ました。有名企業の採用事例集を配布中」になれば、

その影響は、間違いなく「資料のダウンロードされる確率」にダイレクトに影響を及ぼします。

施策を1か所でも触る……という事は、このように「数字の変化」をもたらすだけではなく、「受注」に持っていくまでの商談の形、アポイントの取り方、資料の中身、そして、Webに掲載される情報の種類、ダウンロードされる資料の濃度までをも、大きく変えてしまうのです。だからこそ、「受注プロセス」は、一気通貫の「パッケージ」として見るほうが良い、という事です。

・パッケージ化すべき理由２　「社内のベクトルが揃う」から

理由１では、「数珠繋ぎ」と言う言葉にあるような「点を線にしていく」社内のプロセス連携の話をさせて頂きました。なので、理由２では、その背景に隠れている、もっと根本的な理由をお伝えしようと思います。

第二章から何回も登場してきた「タブレット販売」における図は、営業パーソンであるA～Dさんのストーリーを同社内で見えていなかった各営業の「勝ちパターン」として「言語化」したものでした。彼らはこれをもとに、「受注プロセス」を構築していったわけですが、多くの会社でこれをやろうとすると、まず、つまずくポイントがあります。

それが何かと言うと、「実際のページのつくり込み～公開は、同じタイミングで出来ることの方が珍しい」という事です。つまり、企業のリソース的に、どうやっても「Ｗｅｂサイト内のページは、１つずつ、あるいは２つくらい」を限界に制作されることが多く、実際問題、Ａ～Ｄさんの施策を、同じタイミングでロンチし、一斉全面展開……と言うようなアクションに移るのは、少し、現実味が薄いのです。

さて、それではそういった状況で、会社組織に何が求められるのか？　というと、これはもう簡単で「決めること」です。何を決めるのかと言えば、「A～Dさんの受注プロセスの中で、誰の案を第一に取り組むべきか？」という「優先順位」の話です。

この話は一見して表面上だけ捉えると、「なんだそんなことか」と思われがちなのですが、実際、弊社でクライアント企業様にワークをしていても、4パターンくらいの訴求軸が出るのは珍しいことでも何でもなく、時には、10～15パターンくらいの訴求軸が出てきて、関係者が「ああ、どうしよう。こんなにたくさん出てきてしまった」と、頭を抱えることも珍しくありません。

そして、それは何を意味するのかと言うと、

「企業において、同じ商品を扱ってきたはずなのに、各自の商品に対する考え方や、取り組み方が、それくらい個々でずれていた」と言う証左でもあるのです。

しかし、次にすべきことはシンプルで、要は、「じゃあ、そうなった時に、誰の何を優先すべきなのか？」を決めることが必須で、これはもちろん、優秀な営業成績を残す人間

のパターンもありますし、各営業が、自分たちのメソッドを持ち寄って侃々諤々と議論をし、その中から「これにしよう！」と言うものを「絞り込む」ことも多いです（決める方法にもコツはありますが、基本的には、その会社の意志が尊重されていく世界です）。

それにより、企業は、「その当該製品の販売戦略における、戦略と、取り組むべき優先順位付けなどを、営業組織自身で出来るように」なっていきます。

つまり、彼らは、自分たちの行ってきた仕事に対して「パッケージ化」を通じて、「こんなに他人と違っていたのか」と言う、現状に対する「気づき」を得たことで、「じゃあ、この中で、もっともＷｅｂサイトから成果を上げる受注プロセスはどれだ？」と言う未来に対する議論を行えるようになったという事です。

ハッキリ言ってこれは「もの凄いこと」です。

と、言うのも、これまで、その企業の営業組織は、各自がバラバラの戦略を持って仕事に取り組んできた訳です。つまり、たとえば、綱引きであれば、各自がバラバラのタイミングで綱を引いていたようなもので「力の分散」が発生していたからです。

ところが、組織の意志が、「目標」と「ひとつの戦略」と言うパッケージの中で機能するとき、組織の力は、「個々の集合」ではなく「組織」という「かたまり」として動き出します。

この状態は、先の綱引きの例で言えば、「みんなで力を合わせて綱を引いている」状態です。

単純に比較して、この両チームが戦った場合、どちらが勝利するのか？　は、誰が考えても同じ結論にたどり着くことでしょう。全員で同じ方向（ベクトル）に向けるからこそ、学習が早く、情報が速やかに共有され、改善も早く、結果的に大きな成果にたどり着きやすいのです。

このように、「パッケージ化」と言うプロセスは、営業組織における「ベクトルが可視化され、同じ方向にそろっていく」ことのみならず、可視化されたそれらのパッケージ単位で、お互いが比較を出来るような状況を創ります。そうなることで、関係者全員が議論を行えるようになり、その先で「なるほど。これでやってみよう。みんなで、納得して進めるぞ」と、組織内を前向きに合意形成させたうえで、施策に取り組めるようにしていくのです。

・パッケージ化すべき理由3　「良い受注プロセスは、人を育てる」から

「受注プロセス」は、その形をパッケージで整えられているとき、基本的には「一連の流れ」として管理、運営されていきます。それは、「この施策に関わるすべての人間が、施策の前後で、何が起こっているのか？」をも理解している状態を生み出すことに直結します。

それが、「稼働したとき」に、何をもたらすのか？

というと、それは、人材の異動や、配置換えに強い……という事になります。

どんな人間であれ、「自分がやっている仕事が企業の歯車で、全体の何に貢献しているのかわからない」よりは、「自分の仕事が何のために存在し、次の誰のために、どのように役に立っているのか」を知っている方が、高いモチベーションで仕事に取り組めることは、おおよそ想像できる人も多いことでしょう。

また、「受注プロセス」が全体感で管理され、数値化されているとき、多くのスタッフは、「それを、そのままに遂行」していきますが、あるタイミングから、時折「これはもっと、

こうした方が良いのではないか」と言い出す人間が出てきます。

実は、こういう発言をする人間は、将来的に幹部候補となって行く可能性が高いです。

なぜなら、彼らは「業務全体を俯瞰」して、自部署に留まらない視座を持って、職務に当たっているからに他なりません。つまり、「仕事に取り組む意識」が他より高いことを、「行動」で示してくれている訳です。

そもそも、「受注プロセス」とは、つまり「受注を成立させるためのしくみ」です。

「しくみ」であるからこそ、「誰がやっても、同じような成果を出せる」事が必要な最低要件になります。ですが、ここで、しくみが「パッケージ化」されているからこそ、おきる「健全な副作用」が存在します。

それが、「全体像」や「前後関係」を見始める人が出てくることです。

そう。彼らは、自分たちの業務プロセスの前後の関係が見えているからこそ、次第に「会社全体」について考え、「全体最適化」のために、起案してきたのです。

また、そういった「周りのことを考えて行動できる人間」は、自分だけの業務改善を考えはしていません。あるいは、最初は「自分だけ」だったかもしれませんが、前後に及ぼす「影響」を考えるうちに、徐々に「ビジネスの全体像」に触れていく事になります。そして、そのプロセスの改善工程によって、前後の組織からも高い評価を受け、自他ともに「成長」していくのです。

企業にとっても、「そういう人間こそが、将来を担う幹部候補に相応しい」とすることは、自明の理と言えることでしょう。

つまり、パッケージ化された「受注プロセス戦略」は、「自分の職務領域だけを把握し、しくみを回すだけで満足する」人間にとっても、「受注メソッドの全体を把握し、しくみそのものをより良いものにしていこうとする人間」にとっても、お互いにとって「心地よい」労働環境を生み出す可能性が高い、という事です。

・パッケージ化すべき理由４　「どんなプロダクトにも使える」から

「受注メソッド」をパッケージ化すべき、最後の理由、それは、「どんな考え方、どんなプロダクトにも使えるから」です。

この説明だけを聞いて「いやいや、そんなのは、出来てあたりまえじゃないか」と思った人もいると思うのですが、私がお伝えしたいことは、少し違うので最後まで話を聞いてください。

実は、「どんなプロダクトにも」と言うのは、たとえば、「カタチのある商品」だけではなく、「カタチの無いサービス」にも使える……という事なのです。

すべての企業における「プロダクト」、あるいは「サービス」と言うのは、実は多様性がありつつも、その目的は「ひとつに集約する」事が出来ます。

それが、何かというと、それは「お客様のなにがしかの課題を解決する。あるいは、お客様に新しい価値を創造する」と言う、ことです。

もっと突き詰めて書くと、それは、「それが存在するまで（あるいは、その存在を知るまで）は、別の手段を講じていた」という事になり、すべてのプロダクト、あるいはサービスは、「お客様のそういった（過去の）常識や課題を解決」する、「ソリューション」だという事になります。

ですから、有形、無形はもちろんのこと、「現在、まだ形を成していない製品、サービス」ですら、価値の訴求をしていく事ができるのです。

たとえば、よく、新しい製品を出す際に「市場調査をしましょう」と言いますが、個人的には「見てもいないものを想像させて、意見を求めるより、発現している課題を聞いて、あるいは経験を聞いて、あるいは具体的な対策の話をして、その感想を聞く方が早い」と思っています。

と、言うのも、理由は簡単で「意見は、ウソつきだから」です。

私はよく、お客様に「市場調査をするのは構いませんが、調査とかをする際に、「お米は好きですか?」のような意見を聞くのは、可能な限り避けてください。と、言います。なぜなら、この設問には、回答者側に「共通のメジャー（ものさし・単位)」が、存在しないからです。

どういう意味かと言うと、「お米は好きか?」と言う質問に対して、一定の日本人は「別に好きでも何でもない」と、回答することがあります。これは、先の解説でいうところの「主観」です。個人の感想でしかありません。そもそも「好き」と言う言葉の定義が、曖昧過ぎるのです。

たとえば、同じ人間に「週に何回お米を食べますか?」と、行動と事実を聞いた時、その解答は「18回」とか、「20回以上」と言う回答が、当たり前のように帰ってきます。

さて、それでは、前後の回答を等しく得たとして、「日本人にふりかけを売るビジネス」を考えた時、（一回、競合などの要素は考えないとして）どちらの質問と回答のほうが、日本国内の、ふりかけ市場の規模や潜在需要を正しくとらえ、「日本人にふりかけを売るビジネス」を行うべきか? という判断のための、正確な判断材料をもたらすのでしょうか？

結局、多くの「市場調査」もこれと同じで、筋の良い設計ができる人間がいるならまだしも、意見ばかりを集めても上手くは行きません。

それよりも、「新しいプロダクトは、何を解決するのか？」を正しくとらえ、その問題自体が、どのくらい市場で起こっているのか、あるいは、それを解決しようとする「代替手段」が、何で、どのくらいの頻度で使われているのか？　という「事実」を捉える方が、話が早いのです。

ちなみに、この考え方は、セールス、マーケティングのみならず「技術・開発」などの、一見して「市場とは遠そうな場所にいる」方々に対しても有効に作用します。

むかし、ある方が私のワークショップを受講される直前の席で、

「うちの商品は技術者に売るんだから、Ｗｅｂサイトであっても、スペックだけあれば

良いんだよ。マーケティングの知識なんか要る訳ないだろう」と、おっしゃっていたのですが、私のワークショップを通じてレクチャーをした結果、その技術が採用される前提条件が、

「既存のやり方だと、規制が存在し、限界がある方」への代替手段としての存在価値と、「新しいビジネスをやる際の画期的な手段」としての訴求がある事を突き止めるに至りました。

さて、たとえば、マーケティング的に、お客様に「価値訴求」するならばそれは、「既存のその問題、規制を気にせずに解決できることをご存知ですか？」とか、「新しいビジネスのアイディアに、こんな手段がある事をご存知ですか？」と言う言い方で、市場（技術者の方々）への訴求が、できそうです。

そして、もちろんそれは、いずれもが技術者にとっても、「そもそも、スペックを見る動機」に、なるはずですよね。

ですから、このような「考え方」そのものを誰もが覚え、使えるようにし、あるいは共有され、パッケージとして理解できる事は、全社組織において「マーケティング」と言う考え方を根付かせ、「上梓されたプロダクト」のみならず、「開発中のサービス」にでさえ、適用することが可能となります。

「良いサービスだから売れる」のではなく、「良いサービスだから知ってもらう」

そのやり方を覚えることは、会社にいるすべての方にとって、大きな「商売」のアドバンテージになるのでは無いかと、私は思います。

2.「自社のリソース」と、「タイミング」で「どこまでやるか」を見極める

・Webサイト戦略を「どこまで」広げて考えるか

さて、ここまで長く、パッケージングされた「受注プロセス」と、そのメリットについて解説してきました。

ひとつの「繋ぎ」として考えられる「受注プロセス」は、巻き戻す事で、価値になり、その価値は、より多くの人に「気づき」を与え、それこそが、受注の第一歩となる……と、言う流れについてはご理解頂けたかと思います。

そこで、最後に残る重要事項、「では、どこまでやるのか」と言う「線引き」について、具体的な事例を用いて、お話ししたいと思います。

ここにある会社があったとします。

B社という、証券会社だったとしましょう。

Ｂ社では、自社の無形サービスである「毎月型の、つみたて投資」を売りたかったとします。

販売開始当初は、おそらく、自社に証券口座を持つ、金融資産に余裕がある方に対して、「毎月積み立てて、将来の資金の不安を無くしましょう！」（まあ、実際は金融法とか内規でこんな言い方は出来ないでしょうが）のような言い方で、「つみたて投資」を売っていく事でしょう。

これ自体は、自然な流れですから、一定の数も契約になるかと思います。

しかし、そういった売り方も「ある程度一巡」してくると、徐々に「顕在的なニーズ（つまり、つみたて投資をそもそも検討していた人）」は少なくなり、「訴求する対象」を広げていくことが求められるようになります。

そこで、このＢ社は、練り込んだ末に次のようなメッセージを考案。
ダウンロードいただける形式の資料におこし、Ｗｅｂサイト上に展開してみることにしました。

「長期の勝率を最大化する、ドルコスト平均法とは？」

「ドルコスト平均法」について簡単にだけ説明させて頂くと、ドルコスト平均法とは、「毎月一定の金額を、一定の商品に投資する」という、つみたて投資の手段のことです。

通常、投資を行うと、短期の値動きばかりを気にしがちですが、好調な時も、不調な時もコツコツと、投資金額を一定にすることで、価格が低いときには購入量（口数）が多く、価格が高いときには購入量（口数）が少なくなり、平均購入単価を抑えることが期待できる方法として、長期スパンの投資を好む人の間では、広く知られています。

つまり、この資料を読んだ人は、いまの解説のような情報が得られるため、「十年、二十年と言ったロングスパンで考えた時に、確かに勝率が良い」ということが理解できるようになります。

なんとなく、自然に考えられたかのようなこのメッセージ。

実は、物凄く「筋が良い」受注プロセスを構築できる「種」になっています。

と言うのも、この資料をダウンロードさせる施策をつくったとして、この資料は、「閲読したユーザーの温度感を高めることは」もちろん、

そもそも、この資料をダウンロードする人は、間違いなく、

1、「そもそも、投資に興味があって（あるいは投資をしていて）」

2、「ドルコスト平均法に興味がある」

という、「2つの要件を同時に満たす人」だということを「自動的に特定できているから」です。

当然、そういった人ですから、つみたて型の商品が売りにくいわけがありません。

「ちょうど、あなたにピッタリの銘柄をご案内できるのですが、お話をしてみませんか？」と、聞くだけで、高いアポイント率を狙いに行けることでしょう。

さて、ところで問題はココからです。

実は、この資料、とても筋が良い代わりに、問題があるんですね。

それはいったい、どんな問題なのでしょうか。

その答えを明らかにするためにも、本書の冒頭で、私が、自社の施策について、お話ししていた内容を思い出してみましょう。

つまり、それは弊社の訴求において、マーケティング組織の重要性をＷｅｂサイト内で解説した後に、「３カ月でどうなるか、実際の支援プロセスの資料をお配りしております」と言う訴求と、クロージングのポイントをつくり、その先に「より詳しい解説をできますが、一度お会いしませんか？」と、具体的に声をかける戦略を「採用しなかった理由」についてです。

・私の会社が、それを「やらなかった」理由とは

いきなりですが、結論から書いてしまいましょう。

話は簡単です。「そんなリソースが無かったから」です。

弊社は、コンサルタント1名（代表の私だけ）で経営している零細のコンサルティング企業です。クライアントの皆様が組織としてマーケティング組織を構築し、あるいはマーケターの実務者になって頂く行為は、弊社からすれば「社員教育とほぼ同じこと」だとすら思っています。

そんな企業ですので、案件の対応できる上限数は決まっており、ご依頼は紹介が基本です。

だからこそ、専門の営業人員がおりません。もし、営業をするとしたら、私だけです。

そういう「営業スタイル」を持っている企業だからこそ、そんなにたくさんの引き合いは要らず、「確度の低い問い合わせに、対応している時間を持てない」

つまり、そもそも、「その戦略を採用する理由が無い」という事が起こります。

ここまで話を聞くと、「いやいや、それは貴社だけの特別な事情じゃないか」と思う人もいるでしょうが、そうでは無いんです。これは、どの会社でも発生する問題なのです。

話を、Ｂ社に戻して、改めて考えてみましょう。

Ｂ社の今回展開した施策は、「ドルコスト平均法」の資料をダウンロードさせるものでした。

それは、「これまでもらっていた、つみたて投資の説明依頼」と、比較したとき、「それよりもはるかに広い対象に、数多くダウンロードされる可能性が高い」資料です。

つまり、この訴求は、確かに筋がよさそうですが、それは「どこまで対応できるのか」とか、「誰が対応するのか」という、自社の持つリソース（組織・体制）と突き合わせ、実働できる「営業力」や「対応力」があってこそ、はじめて成果を生み出すことのできるプロセス……という事を意味します。

仮に、たとえばB社がこれまで、「運用が中心で、営業は少数。しかも、各自が、具体的に発生している案件にだけ対応をする無店舗の会社」だったとします。月に対応してきた引き合いも、数十件程度だったとしましょう。

それが、この施策を展開し、仮に数千件単位で、資料がダウンロードされたところで、「受注プロセス」が本領を発揮することは相当に難しい……という事です。

なぜなら、「見込みの引き合いに電話する人が、そもそも社内にいないから」です。

それは、どんなに良い「戦略」を考えて、「受注プロセス」を動かそうとしても、「後工程の稼働リソースは、上限が決まっている」と言う「大前提」が存在すれば、それは時として大量の「機会損失」を生み出すことになる……という事を意味します。

1人の人間が、1日に架電できる数は決まっていますし、営業人員の数も限りがあります。

業務にしたって、すべての実務を「受注プロセスの実行」だけに費やすことは難しく、通常は、様々な業務の中に「受注プロセスの話も入ってくる」というのが実態でしょう。

つまり、仮に「理想のストーリー」を考えても、「実行」されなければ、そのプロセスは意味をなさず、「机上の空論」に成り下がり、したがって、売上貢献にも寄与できません。だからこそ、「受注プロセス」をつくったら、それをパッケージとし、組織全体で「検討する」のです。どのくらいの重要度があるのか、どのくらいのリソースを投下すべきなのか。どのくらいの目標を持って運用するのか……」など。

そういった「意思」があって、はじめて絵にかいた「受注プロセス」は、実行に移るのです。

3.「円滑なパッケージ化」を実現するために

・最大の敵は「できたつもり」になること。なりやすいこと。

さて、ここまで読んで「よし、なんとなく理解できたかもしれない。自社でも、受注プロセスづくりと、Ｗｅｂサイトでの展開をやってみよう！」と思われる方も多いと思います。ですので、厳しいながら、先に申し上げておきます。この話、簡単にできそうな事に見えて、決して簡単な話ではありません。なので、くれぐれも舐めてかからないでください。

いわゆる、「見るとやるでは大違い」の典型が、「受注プロセス」です。

私の経験上、一度監修に入らせて頂いたお客様でさえ、「1回、やり方を指南し、1つのコミュニケーションをどうにか構築した……くらい」では、早々身に付きません。「次の施策をやろう！」と、2回目に持ち込んでも、それでも修正（赤字）が真っ赤に染まるくらい出てくるのは普通です。こうなってしまう理由は、皆様自身が、もともと「そういう考え方をする思考回路」を持っていないからです。これは、「新しい言語を覚える」のと同じくらいの事だと心してください。

非常に良くあるケースで、かつ私が困ってしまうケースが、「なんとなく、自分は出来ると思った人が、勝手に作って、ほぼ完成系だと思った状態で持ち込まれる受注プロセス、あるいは、それが形になってしまったＷｅｂサイト」を持ち込まれたときです。

申し訳ないのですが、プロの私の眼から見ると、ほとんどの場合が、たとえばそれは、

・そもそも訴求する軸の内容がおかしい
・Ｗｅｂサイトがその成果を計測する要件を満たすような作りになっていない
・骨子は大筋問題が無いが、表現が（慣れない言葉という事もあって）おかしい
・出来ていると本人は言っているが、外から見た時に昔と何も変わらない

などの問題が生じており、なまじ形になっているから（たとえばＷｅｂサイトの修正はもう納品状態になっているなど）、軌道修正に時間を要するケースなどが多いのです。

とはいえ、私は、「皆様には、できない」などと言うつもりは毛頭御座いません。むしろ、これは、「訓練すれば、誰でもできるようになる事」だからです。

ただし、先に書いた通り、それは裏を返すと、

「訓練しないとできない」と言う意味でもあるのです。

だから、何度でも挑戦してみてください。

幸い、皆様には「デジタル」と言うフィールドがあります。デジタルの良いところは「反響が数字になって帰ってくること」です。適切なことを、適切な対象に、適切なやり方でやれば、数字は必ず、その成果を返してくれます。そして、たとえ最初は失敗しても、何度でも挑戦できます。

私は過去に、何百億円も動くようなプロジェクトの引き合いづくりから、1本の美容液の定期購買まで、さまざまな領域で、通算100件を超えるプロジェクト・プロダクトの支援をさせて頂きましたが、「うちの商材は無理だ……」と、おっしゃっていたすべての商材・サービスで、それを成し遂げてきました。

ですので、私の知りうる限り「人間が、人間に、モノを売っている」と言う大前提があ

る以上、（少なくとも、私の経験則では）受注プロセスが出来なかったことは、ありません。ただし、そこに行きつくためには、「正しい完成系」を一度その手に触れ、そこから出てくる数字を体感しないといけません。なまじ、成功パターンを知らないと、「やってみたけど、結局上手く行かないじゃないか」という「受注プロセス」そのものへの誤解を生んでしまうことになるのです。

それは、ゴルフなどで、自分が「出来ている」と思っているスイングを、いざビデオで撮影してみた時に「まったくもっておかしなスイングになっている」と言うのと、理屈は同じです。

結局、それを軌道修正するためには、「基本を押さえる」のみならず、ゴルフで言えば「ティーチングコーチ」のような「（できればプロの）客観視してくれる存在」がいて、あなたの身長や体重、体形、筋肉量、スイングの軌道に併せた修正をするように、貴社の人員、文化、商材、営業手法、希望するスタイルなどを元に「カスタマイズ」し、「貴社に併せた最適」にたどり着くことこそが、最終的なゴールに最も早く近づける「理想形」となります。

多くのヒト・モノ・カネといったリソースを巻き込む本件だからこそ、急ぎつつも、着実な成果をもたらすための「パッケージ化」は、正しい形で「体系化」していく必要があるのです。

・正しいメソッドで体系化する重要性

さて、それでは実際のアクションの話に入りましょう。

実際に、受注プロセスを「正しく」パッケージ化するためには、これまで説明させて頂いた通り、皆様の経験や知識を、言語化し、Ｗｅｂサイトまで接続できるように「体系化」していく必要があります。パッケージングと、体系化とは、一対のものとなります。

具体的に必要な作業は、組織の中にあり、各営業がもっている「なんとなくこう……」という、経験や、勘と言った暗黙知の部分から、「訴求すべき軸」を確定し、そこから「価値」を取り出し、順序だてて、ストーリーの展開として、説明できる状態にしていくプロセスです。

後々、全社で共有していくことになりますから、できればそれらは、社内折衝や、部署間の共有、自分の知識の言語化の補佐、あるいは、それを記録に残す……と言う役割を果たすためにも、専用のワークシートなどを用意して、共通言語化していくことをお勧めします。

弊社では、ある商材の支援を開始した場合、その「受注メソッド」の原型を、支援開始から1カ月以内に成立～稼働させている実績が御座います。

具体的には、最初の1～2回のセッションで営業パーソンの「勘や経験」を言語化。

誰が見ても解るような客観的な情報に置き換えていきます。

その後は、それを今度は価値に置き換え、訴求軸を固め、既存のページの修正、あるいは希望されるお客様であれば、その他の販促物の改定を行う工程などもありますが、ここまでを、おおよそ3～6か月で、稼働させることが出来ます。

あるいは、新規のWebサイトを「まったくのゼロ」からつくる場合も、構想から公開までを、約6カ月～1年以内に完成させることができるのですが、その際に活用する自前のテンプレートを用意しており、それを、**パッケージングメソッドと呼んでいます。**

※弊社パッケージにて「Webサイト受注プロセス」の最終版をファイルしたもの。弊社のパッケージングメソッドでは、新規Webサイト〜受注プロセスが完成を1年以内に実現するが、アウトプットが分厚いA4ファイル1冊分になる事は珍しくない。

なお、ここでひとつ注意頂きたいことは、仮に自社でそれを行う際も、適当に、世の中に落ちている「カスタマージャーニー設計シート」などを、たいして意味も理解せずに転用するなど、外見だけを真似するようなことは、くれぐれもしないように……と言うことです。

これは、前回の拙著でも同様の注意喚起をさせて頂いており、本書でもいくつかのケースを書きましたが、それは、言われるがまま、広告を出すことだけをマネしているような、戦略を持たずに場当たり的に対応していたダメ企業と何も変わらなくなってしまうからです。

まさに、「下手の考え、休むに似たり」と言うやつで、良くわからないものを、良くわからないまま使うと、特に今回の場合「受注プロセス」は、すべての部署を横断するような施策ですから、自分の組織のみならず、周りの組織も巻き込んだ大混乱を起こすことになるからです。

実際、私のお客様でも、初回のコンサルティングで、過去に私が別の事業部などに配布していた、パッケージングメソッドのワーク用紙を自主的にコピーし、記入されたうえで、

「自分なりに考えてみたのですが、いかがでしょうか……」と、会議の冒頭で「事前知識なしで」持ち込みをしてこられる方が、たまにいらっしゃいます。

その努力は素晴らしいと思う一方、残念なことにほとんどのケースが「申し訳ないのですが、完全にやり直しですね。これ……」というレベルです。

残念なことに、まるで本来の趣旨とは違う使い方をされている方がほとんどで、正しい使い方でシートが埋まっていたことは、ほぼありません。

正しい手段を活用して行わず、したがって、正しい考え方もできず、結局、体系化されなかったものを、ストーリーのパッケージ「っぽく」してしまうと、いざ、マーケティングの戦場に出ても、思うような成果は出せなく、時間とお金だけを延々と浪費していくことになります。

結果、その隙に、競合他社に、まんまと市場を勝ち取られ、社内でも「マーケティングなんて、全然意味がない」と絶望するに至り、ビジネスのデジタル化は夢のまた夢となってしまう……と、こうなってしまっては、何のために努力をして来たのか分かりません。

デジタルの世界は、いま最も勢いのある市場でもあります。そのような市場だからこそ、受注プロセスをパッケージ化せずに「いい加減な、思いつき」だけで行う、戦略性の低いマーケティング施策は、どんどん淘汰されていくのみならず、貴社を「ただ、いたずらに疲弊させるだけになる」ことを忘れないでください。

受注プロセスをパッケージ化せずに行う施策展開は、ただの「思い付き」……などと書くと、言いすぎに聞こえるかもしれませんが、競争に打ち勝つためには、どんなジャンルであれ、理論は必須です。

現代型のビジネスを成立させるための、「強い」マーケティング戦略とは、単発の施策ではなく、貴社の組織全体を「マーケティング組織」として動かす一大プロジェクトです。しかも、Ｗｅｂサイトを掲載するだけならまだしも「受注プロセス」を展開するに至っては、そのために「広告宣伝費」のみならず「人員」という、大きなリソースまでをも投じる「販売戦略」です。

だからこそ、そこには、理論に裏打ちされた、しっかりとした戦略が必要になるのは当然のことです。もし、それができなければ、貴社のビジネスの仕組みのデジタル化、それを元にしたＷｅｂサイトからの受注プロセス戦略は、いつまでも進展することは無いでしょう。

弊社のお客様を見ていてもつくづく思うのですが、現代型のビジネス、ビジネスの仕組みのデジタル化が出来ている企業に共通することは、「自社の強みや、魅せ方、そのプロセスや、計測する内容、打ち手に至るまでを、客観的、かつ論理的に理解しており、それを実現させる組織、体制（連携機能）が備わっていること」です。たとえそれが「１人マーケ担当」だったとしても、です。

自分で、自分のやっていること、上手く行っている理由をきちんと理解しているため、施策で躓く事があっても、自ら立ち直るまでが早いのです。

一方、ダメ企業は、運や勘、他人の成功体験に頼り、「外見だけを模倣」してしまっているので、そもそも何もかもが「場当たり的」です。どんなに大きなマーケティング部でも、論理的に説明できない、ストーリーにすらなっていないマーケティングが実施されているとき、それはもはやマーケティングではなく、ただの「結果は、神頼み的なプロモーション施策を生み出す集団」にすぎません。

たとえ、奇跡的に一時的な成果が出ても、理由すら分からず、再現性すらも無い……となると、これはもう不幸としか言いようがないでしょう。なぜなら、その会社にはそれを再現するための「手立て」も「材料」も無いのですから。

また、当然そんな組織でマーケティングを動かしていれば、「受注プロセス」などは当然形成されず、したがって企業として継承もされず、デジタル化の推進に伴い、世の競合は成果を出していく中で、自社だけが、年々積みあがる予算を尻目に、いつまでたっても「場当たり的な」不確定要素を多分に含む「のるか反るか」といった、博打のような組織改編と施策を繰り返すことになるでしょう。

そして、それらの施策が、以前の様に上手く行かないとき、そういう企業は「気合で乗り切れ！」などと、(営業までをも含めた) 人的リソースをどんどん突っ込んで、リカバリーしようとしていくのです。

それが、中長期的に、どれだけの会社組織の損耗（疲弊・摩耗）を生むのか……。

想像するまでもなく、その先に「明るい未来」など存在し得ないでしょう。

なお、当然のことながら、「ビジネスの仕組みのデジタル化」におけるすべてを体系化することは現実的に不可能です。現場で、数々の実戦経験を積んだものだけが持つ、野生の勘のようなものが存在することは事実だからです。

しかし、大事なことは、そういった「勘や経験」を、そのままにすることを「あたりまえ」とはせずに、少しでも、企業、組織として継承していける「型」を作る努力をしていく事です。

そして、その「型」を、組織を横断して展開し、日々研鑽できる、自走できる「文化」をつくることが、貴社の最終目標であることは、忘れないでください。

4.「言語化」することで、「見えてくる」世界

本書の第一章で、I社の営業手法を可視化した際、その「やり取り」の中で、お互いが、お互いのセールスを言語化されたことで、「そんな風にやっていたのか」と、同じチームのメンバーが気づいた……と言う描写があったと思います。

実は、弊社の支援においては、ほとんどのお客様は、それらが業績改善という成果に結びつく以前でも「この受注プロセスの考え方、自分の業務の言語化の方法を学べただけでも、物凄い成果でした」とおっしゃいます。

それは、「言語化」によってもたらされた、「自分たちが、これまで何をやってきたのか？」と言う、自分の過去に対する理解と、「自分たちが、これから、何をやるべきなのか？」という見通しが、一気に（しかも両面から）、ハッキリ理解できたからだと思います。

いわゆる「アハ体験」に近いのでしょう。

「数値を検証して、他部署や、外部事業者とも対等に議論できるようになったので、本当に自信がつきました」と、言われるほどです。

そして、そういう人間が、異口同音に言う言葉があります。

それが、「納得しているので、先に進めます」と、言う言葉なのです。

この言葉が出てくると、担当者の皆様は、目の前でこれから行う施策の結果が、成功しようとも、失敗しようとも、「成長」と言う意味では、同じ道を歩くことができるようになります。

それはつまり、「自分たちが理屈を理解し、納得しているものを、世間からの評価を数字で受け取る事により、そのボトルネックを正しく把握し、改善できることが分かっている」からに他なりません。

「だれかに言われ、言われるがまま作った」のではなく、「自分たちが、（サポートを受けながらも）自分たちの力で作った」からこそ、納得感が、はじめて生まれるのです。

マーケティングから生み出す「受注プロセス」のような「自社の製品を売るための勝ちパターン構築」と言うのは、本来、このように誰かに「正解」を教えてもらうものでは無く、自分たちで脳に汗をかくぐらい考え、実行し、その研鑽の中から「生み出されてくるべきもの」です。

なぜなら、そうでなければ「身につかない」からです。

だからこそ、世の中にそう簡単に「これさえそのままマネすれば、万事ＯＫ」と言う手段など存在しません。

正しいやり方に準じた、自らストーリーを生み出すための試行錯誤は、ビジネスのデジタル標準化への源泉であり、マーケティング成功への最も重要な要素ですが、根拠のない自信や、思い込みではなく、しっかりした「確信」を得て、他部署をも巻き込んで行けることこそが、パッケージ化の強みと言えることでしょう。

次章では、パッケージ型ストーリーをまとめ上げ、実際に成功を収めている企業の事例に触れていきましょう。

第6章

「受注プロセス戦略」がもたらす、営業の進化

マーケティングが全社的に動き出す

・成果になってこその、「戦略」

本書では、現代型ビジネスを行い、デジタルを活用した営業を実現するための、Ｗｅｂサイト活用戦略、およびそこから生まれた「引き合い」を、受注につなげるための「受注プロセス」のパッケージ化などについてお話をしてきました。しかし、最後に重要なことが残っています。

それは、どんなにメソッドを活用して、それらを作り上げることができたとしても、実際に受注し、「売上に寄与」ができなければ「ただの、絵に描いた餅」になってしまうということです。

弊社に相談に来られる方も、「さまざまなマーケティングメソッドを自分なりに試してみたが、結局、手詰まりになった」と言う方ばかりです。ある意味、誰もが通る道なのかもしれません。

ビジネスのデジタル化を行い、全社を横断したマーケティング組織を作り、Ｗｅｂサイトを活用した受注プロセス戦略を展開することは、その企業に「何を、もたらす」のか。

弊社のＷｅｂサイトにお越しいただければ、いくつもの東証プライム上場企業の実名事例ほか、さまざまな企業様による成果（実際のＷｅｂサイトなど）が、ご確認頂けますが、今回、この章では、そうしたＷｅｂサイトの実例集には掲載していない、「裏話」（裏側の仕組みのお話し）も含めて、いくつか紹介できればと思います。

実際に、会社の業績に寄与しているので、読者の皆様にも参考になりますし、勇気を与えてくれる事例にもなると思うからです。

・テレワーク時代でも飛躍を生み出す営業組織へ

某人材業界のH社は、もともと、自社のサービスを展開する中で、各種のデジタルおよび、マーケティングツールを一定取り入れられ、一定の名刺（ハウスリスト）管理と、そこからの受注・営業管理については、推進をされている様子でした。

ただ、そこには問題も生じており、その代表的なものは、「統一のシステム運用ルール」が社内に浸透していないことであり、それが「個人依存型の組織」を生み出している……と言うものでした。

たとえば、ある営業パーソンは、自前のエクセルで顧客の管理をおこない、また、別のある営業パーソンは、自分独自の営業資料を持って営業をするなど、「各人の個々のパフォーマンス」で、売上を立てている……と、言ったような感じです。

実は、同社のような状況の企業は珍しくありません。

その問題の根底は「システムの説明書だけを渡されており、戦略が入っていない」から起こる事で、このような「ビジネスのデジタル化における空洞化」は、どの企業でも発生しますし、そのせいで、「全体的な効率化が、いつまでたっても進まない」という事もまた、生じてしまうのです。

そんな折、同社に「転機」が訪れました。

世間にＤＸ推進や、テレワーク化の波が訪れ、「これまでのやり方では、営業展開が難しくなりそうだ」と変化を感じた同社は、マーケティング部を新設。積極的な投資を行い、組織の抜本的な改革に乗り出すことになったのです。

私は偶然、それ以前に、ある案件で同社とお付き合いがあったこともあり「ぜひ、弊社にマーケティング組織を構築し、Ｗｅｂサイトを活用した、受注プロセスを創ってほしい」と、本格的にお手伝いさせて頂くこととなりました。

受注プロセスを構築するときに重要なのは、それを、多くの組織および、そのメンバーが理解できる内容とし、かつ「いつでも紙でもプリントアウトできるくらい、明確な形で公開、あるいは保存しておく」ことです。

つまり、本件は、各自のリテラシーによって、「情報格差」が、社内で生じないようにしつつも、Ｗｅｂサイトの早期展開のために迅速に事を進める必要がありました。

しかし、一方でH社の取り組みに関する姿勢には、正直、目を見張るものがありました。

トップとの合意形成から始まった案件……と言う側面もあったからでしょう。組織を立ち上げてすぐ、同部にマーケティングは未経験ながらも、元・経験豊富な営業であり、かつ優秀な専任のマーケティング責任者を置いた同社は、その組織に、さらに現役のモチベーション溢れる営業スタッフや、インサイドセールスの人員を次々と投入していきました。

実際の取り組みにおいても、研修のメソッドを共有するために、資料のみならず、時には私のコンサルティングの内容を「録画」してまで、全社にメソッドを共有されていました。

また、メソッド構築にあたっては、「ダウンロード資料」の中身から、「営業手持ち資料」、その際のトークのロールプレイに至るまで、体系的に整理し、マニュアルのような構成を構築。関係するすべての人員が「それを、自分の部下に口頭で説明できる」よう、練り込んでいきました。

通常、この手の「営業マニュアル」を構築すると、お客様の「引き合いの立ち方（つまり、ニーズの在り方、求めることの内容）が、「マニュアルと違った」瞬間に、それらの営業マニュアルは意味をなさなくなってしまいます。

しかし、同社の場合、Ｗｅｂサイトから発生する「引き合い」が、そもそもの設計上、

1、どのような属性のお客様で、
2、どんなソリューション（課題解決）に関心があり、
3、現状、どうなっていて、いま、何の話を聞きたいのか

までが、特定できるような設計（受注プロセス）になっています。

したがって、この営業マニュアルについては、「ほぼ間違いなく引き合いが来た時点で、トークの内容が確定」することになります。Ｈ社内では、この展開が「わかりやすい！」と評判になり、同トークを「新人営業の教育プログラム」へ転用することも検討しはじめました。

また、今回、H社が、本気で取り組んでいることもあってでしょう。

同社の「受注プロセス」は、さらに波及の様相を見せ始め、一部のトークを展示会で流用され、見込み顧客を囲い込むための「ホワイトペーパー（情報資料）」などにも展開。さらにはそれを活用したセミナー戦略の構築にまで波及しはじめています。

実は、この考え方も非常に有益で、私自身、他のクライアント様ですが、この「受注プロセス」をリアル展示会に波及させた結果、ブースへの来場者数が昨年と同等なのに、「名刺獲得」の数が、一気に5倍になった事例などもあります（しかも、別にニンジンをぶら下げたとかではなく、純粋に対話の中で、資料送付が、確定していったものです）。

さて、話を戻して、彼らが、これほどまでに圧倒的な速度で、「受注メソッド」を社内で拡散させることができる、本質的な理由。それが、関わる人々の「納得感の高さ」だと感じています。

自分たちの取り組みを、自分たちが良いと思い、信じ、そして「全員が同じ方向を向いて、商売をする」この姿は、必ず同社に、短期のみならず、中長期的な成功をもたらす事でしょう。

そして、同社内で今もなお波及していく、この「受注プロセスの考え方」は、同社のマーケティング部内に、それを啓蒙できる「伝道師」的な人間を育み、あらたなる施策を常に生み出し続ける「全社的な組織づくり」へともつながっていくのです。

H社の現在と今後には、非常に期待していますし、引き続き、力になれればと考えています。

「自分たちの製品で、新しい市場に乗り出したい」が、カタチになるまで

某大手系企業の関連会社、Ｐ社様とお会いしたのは、１年半ほど前。ちょうど、弊社が某社で成し遂げていた「オンライン展示会」の反響を耳にされたとの事で、それをもとに「自分たちも、あのようなＷｅｂサイトを構築したい」と言う、具体的な形でお話を頂いたのがきっかけでした。

この企業様においては、ある特定の商品があったのですが、その「販路拡大」のために、マーケティングを志す一方、社内に、そういった組織はおろか、マーケティングの経験者すら皆無……というのが、そもそもの案件の始まりでした。

「自分たちは、何も分からないのですが、本当に大丈夫でしょうか……」

と、初対面の際に非常に不安そうにされていたことは、昨日のことのように覚えています。

Ｐ社でも、重要になったプロセスは「言語化」です。

とくに、本件は、営業……と言うよりも、主に技術者や、専門的な知識を持つ方が、自

社製品を広く市場に出していくためのフェーズでの「言語化」でしたので、これまでの常識を打開してもらう事に、多くの時間を費やしてもらう事にしました。

たとえば、ここに、その製品の「固さ」についての概念があったとして、彼らの表現が、プロ向けの「それ」（専門的なデータ／実験結果）だったものを、「そうではなくて、読み手の人間が、いや、むしろ、それを読んだ誰もが、分かるような言葉、想像できる、あるいはすぐに体験できる言葉に変えないといけません」と、言い続けました。

それは、例えば、

「硬度○○から、硬度○○まで、幅広く対応できます」と、言っていたものを、「赤ちゃん肌のやわらかさから、まな板の固さまでを、たった1つの素材で実現」の様に、言い換えて伝えてあげることに繋がります。

Ｗｅｂサイトと言うのは、同じ役割の人間が、同じような目的をもって来訪されていたとしても、多様なリテラシー（知識レベル）を持つ人が訪問してくる世界です。

ですから、「どうせ説明するのならば、より、分かりやすく、より、丁寧に」

その考えを基本に、すべての表現を見直し、徹底し、調え、それが「受注プロセス」にも直結するように変更を加えていきました。

最終的には、目に見えている部分の奥に、数々の目に見えない仕組み（受注プロセス）が備わったそれは、製品のプロモーションサイトとして公開され、運用されるに至りました。

しかし、本件で特筆すべきは、やはり、当時、マーケティング経験が皆無だったクライアント企業様のご担当者様自身が、「自ら考え、形を成した」という事実であり、案件が進むにつれ、各担当の皆様が、徐々に「この機能は、どのように伝えたら、読み手にとってわかりやすいだろうか」とか「どこまでを開示すれば、良い対話を生み出すことができるだろうか」という事を、自発的に考え始められた……という事実にあると思います。

それこそは、同社にもたらされた、何物にも代えがたい「もう一つの見えない財産」なのではないかなと、私は思います。

いかがでしたでしょうか。上記で紹介させて頂きました事例は、あくまでも弊社のクライアント企業様のものであり、守秘義務も存在しますので、許諾を頂けた記事のほんの一部、弊社のＷｅｂサイトの「クライアント企業様　実例集」（https://marketersbrain.co.jp/usecase/）や、実際のマスメディア等の公開情報から抜粋、あるいは許諾を事前に頂戴したもののみとなります。しかし、その一部の情報だけでも、ビジネスのデジタル化が、企業に何をもたらすのか？　は、ある程度、ご理解いただけたのではないかと思います。

実際、現在も、企業名は非公開ながら、多種多様な業界を担当・支援させて頂いておりますが、まだまだ真の意味で「マーケティング組織」が完成し、それらをＷｅｂサイトで正しく機能させている企業は少なく、しかしそれは同時に、「伸びしろ」があることも意味しており、さまざまな企業にビジネスチャンスが眠っているのが、日本の現状であると、強く感じております。

弊社にご相談を頂くお客様は、業界も事業規模もマチマチですが、ひとつ、大きな共通点があります。それは、みなさん「本気で、ビジネスのデジタル化を成し遂げ、自社の中にそれが出来るマーケティング組織や、受注プロセスを作りたい」と言う、強い意志があるということです。

派手な施策をやって、メディアに取り上げられたいとか、ノウハウだけちょっと聞いて、楽をしたいと、言った事ではなく、本物の「渇望」を持って、相談に来られる方が非常に多いのです。

これは、時代の変化に対する危機感はもちろん、「なんとかしないといけない」と言う使命感もあってのご判断だと思います。これまで、さまざまなデジタル化の壁にあたってきた中で、「結局は、自分たちがモノにしないといけないのだ」と言う事実に気が付いたような、強い決意を感じるのです。

私はいつも「みなさまが、自分自身で戦略を構築できるようになり、自走し、私のようなコンサルタントから卒業するのが、みなさまの最後のミッションですよ」とお伝えしています。

マーケティング戦略を構築し、施策を展開し、売上が上がる経験をされることは、ビジネスのデジタル化においては、スタートラインにすぎません。

そこから、自社ならではの勝ちパターンを構築し、あるいはＷｅｂサイト上で表現し、「受注プロセス」を確立し、あるいは派生させ、その先にビジネスのデジタル標準化を成し遂げ、その文化を、横の組織に展開し、あるいは自分が現場を抜けても回るように、後任に継承していく。

そういったプロセスを成立させてこその、「営業のデジタル化」、および「ビジネスと経営の加速」を実現させる、企業規模での「強いマーケティング組織」だと思っています。

現代型ビジネスにおけるマーケティングとは、常に数字と向かい合う世界です。

しかし、その数字の裏側には、**たくさんの人間が関わっており、彼らの成果によって、その指標の数字が動いていきます。結局は、デジタルと言っても「人間と人間が行う仕事」であり「人間が人間と関わってモノを売る」ことは、大昔から、変わらないのです。**

組織同士が信頼しあい、連携し、協力して「そもそも、貴社に存在しつつ、営業の経験や引き出しとして認識されてきた感覚的な何か」を体系化する。そして、その戦略から生まれたストーリーを、Ｗｅｂサイトと言うフィールドを通じて、お客様に届け、魅力を感じてもらい、そこから商談が生まれ、お客様の課題が解決していく……。

そのような「受注プロセス≒コミュニケーションプロセス」が、売り手と、買い手の双方にとって、満足な形で果たされた時、貴社ビジネスの「仕組み」のデジタル化＝「成果を上げる現代型マーケティング組織」は、かならずや、お客様の「お困りごと」を解決するために機能しつづけ、

「買ってください」と、こちらが言わなくとも、相手から、
「これが欲しかったんです。ありがとうございました！」
と、言われるような、理想の「現代型ビジネス」を実現し続けることでしょう。

そんな、「誰もが幸せになる商売の在り方」、が、本書を手にされた方により、組織にもたらされることを念じてやみません。

あとがきに代えて

いまから約1年前、マーケティング組織構築コンサルタントとして、いくつかの実績を得ることができ、それらの経験をもとに、「マーケティング組織構築コンサルタント」としての最初の書籍である『「営業」をデジタル化し、「経営」を加速させる、「強い」マーケティング組織のつくり方』をエベレスト出版様とのご縁で出版させて頂きました。

その結果、その一冊は、多くの経営者や、支援先の企業様からご好評をいただき、弊社コンサルティングの理解を深めていただくための「教科書」として採用いただくケースなども生まれ、私にとって、前著は「届けたい人に、届けることのできた非常に意義のある一冊」となりました。

また、その書籍の内容についても、東証プライムに上場する企業様の、DX推進を成されるキーパーソンの方々から推薦文をいただき、それが日経新聞に掲載されるなど、日の目を見ることとなる一方、推薦者であった（書籍のメソッドを活用した）彼ら自身も、自社のマーケティング組織の成果を通じて、より大きな組織、お立場へなられました。メソッドに関わったすべての方々に、素晴らしい成果を享受いただけたことは、本当に、このうえない幸せです。

まずは、この場で、関係者の皆様に、改めて感謝申し上げます。皆様のお陰です。ありがとうございました。

さて、そんな風に、ある程度、弊社のコンサルティングが「型」になり、成果を生み出した書籍が出たこともあり、個人的には、コンサルティング仲間などにも「次に出すのは、何年後になりますかねぇ……」などと談笑していたのですが、まさか、そこから僅か1年後にまた、書籍を出版することになるとは、正直思ってもみませんでした（苦笑）

きっかけは、某所のカンファレンスに「お招き頂いたこと」にあります。

実は、おかげさまで弊社は、どうにかこうにか、ご好評を頂いており、２０２０年の終わりごろから、ほとんど新規のお客様をＷｅｂサイトからは受け付けておらず（理由は本書に書きましたが、そこまでのリソースが無いという事もあり）、２０２２年現在は、一部の信頼と実績のある紹介事業社様や、過去にご縁のあった方からの、ご紹介を中心にお仕事をさせて頂いております。

……という事もあって、ほとんどの、メディア露出のお話しはお断りしていたのですが、その講演では、

「とにかく、出てほしい。何かしゃべってくれ」

と、袖を引っ張られ（笑）、非常にお世話になった方からの依頼でもあったので、勢いで登壇することになりました。

さて、引き受けたのは良いのですが、事業規模も様々な聴講者の皆様に対して、四十分もお時間を頂いてしまったので、「何を話そうかな……」とひとしきり悩むことになりました。

あまり、大きな話をしても仕方なし。しかし、せっかく喋るのですから、聴講される皆様には、「何かを持って帰っていただきたい」。そう考えた時に、「なるべく多くの人が関わっているもの」を中心に考えることにしました。

そして、その結果、

「そうだ、最近、色々と成果も出てきたという事もあるし、引き合いを取るための、企業のＷｅｂサイト戦略について話そう」と、なりました。

そこからは、とてつもなく早かったのですが「講演」と言うのは面白いもので、「何かの価値を聴講されている方々に伝えないといけない」訳ですから、話すことを考えるプロセスにおいて、「自分の考えを整理する場」にもつながっていくんですね。

そうやって「Ｗｅｂサイト」について、頭の中の情報を整理していると、どうにも、そこと連動させるための「受注プロセス」と言うキーワードが私の中で引っかかるようになっていきました。

そして、あるタイミングで「そうか、ビジネスのデジタル化……と言う俯瞰した総論としては、まとめていたけど、この部分（特に外からあまり見えない受注プロセス）には、そんなに踏み込んでいなかったな」と気が付くに至ったのです。

Ｗｅｂサイトと言えば、いまはもう「持っていない企業の方が珍しい」と言うくらい、数々の事業社様がデジタル施策の第一歩として所有する「チャネル」だと思いますが、

「これを機能的に、受注のために使えている企業が本当に少ない」

と言うのは、私が一般的な事業社のプロモーションサイトに感じていた印象でした。

そして、よくよく考えてみれば（というか、考えなくても）私の支援する事業社様で、Ｗｅｂサイトの話にならなかったことの方が、非常に珍しく、基本的に「デジタル」で、お声がけを頂いた時は、「必ず通る道」だなと、改めて気が付くこととなりました。

そういう事もあって、「よし、ココを掘り下げてみよう」と掘ってみると、出るわ、出るわ……。

自分自身、この独立してからの4年（法人成りしてからの3年）で、30社、１００プロダクトを超える支援をさせて頂いていたのですが、その経験値が、あっという間に書籍にまとまるほどの「文章（メソッド）」に形を変え、整理、棚卸しされてしまう事となりました。

まさに、本書でも触れている「言語化」が成された瞬間でした（お恥ずかしい）。

それでも、書き上げて思う事は、この「営業起点」で考えるマーケティングの在り方は、書籍としての立ち位置も面白ければ、弊社の事業が体現している「営業組織・企業が、自分たち自身の力でビジネスをデジタル化し、マーケティング組織として飛躍するための本質」という、要点を抑えた、まさに、「みなさまに、価値を感じて頂ける一冊」だと確信しております。

私には、夢があります。

それは、私が支援した企業が、大きな組織力を持って、世界の市場を席巻するような成果を出していかれる事です。そういった組織には、きっと素晴らしい「Ｗｅｂサイトを戦略的に活用した、受注プロセス」が、あたりまえのように、「企業文化」として根付いている事でしょう。

末筆ながら、今回のキッカケを与えてくださった、「日本コンサルティング推進機構」

さまをはじめ、エベレスト出版の本多さま、そして、私に活躍の機会を不断なく与えてくださるパートナー企業様や、頼りにしてくださるクライアントの皆様にお礼を申し上げつつ、締めくくりたいと思います。

令和4年　6月吉日

株式会社Marketer's Brain
代表取締役　デ・スーザ　リッキー

著者／デ・スーザ　リッキー

　営業および、マーケティング領域において「商い」を、デジタル化し、クライアント企業の業績を急進させるコンサルタント。社内のデジタル化を一気に加速させ、「強いマーケティング組織をつくりだすカリスマ」と称される。

　クライアントは年商十億円規模から、個人コンサルタントとしては異例の東証プライム上場企業の指導実績も多く、一兆円を超える企業まで幅広く指導。手がけた案件をことごとく成功させ、期待を遥かに超えた成果を生み出すことで絶大な評価を博す。クライアントからの信頼が厚いのも特徴で、各メディアに指導先名が実名で掲載されており、その評判により指導先は常に10社以上、プロダクトに至っては50案件を優に越え、指導待ちは一年以上になることも珍しくない。

　その指導スタイルは情熱的で、経営陣はじめ、時には100名以上のマネージャー、幹部クラスらを巻き込み、わずか一年足らずで、全社に「商いのデジタル革命」を各社で巻き起こしている。株式会社 Marketer's Brain 代表取締役社長。

　1979年生まれ、明治大学卒。

小社 エベレスト出版について

「一冊の本から、世の中を変える」――当社は、鋭く専門性に富んだビジネス書を、世に発信するために設立されました。当社が発行する書籍は、非常に粗削りかもしれません。熟成度や完成度で言えばまだまだ低いかもしれません。しかし、

・リーダー層に対して「強いメッセージ性」があるもの
・著者の独自性、著者自身が生み出した特徴があること
・世の中を良く変える、考えや発想、アイデアがあること

を基本方針として掲げて、そこにこだわった出版を目指します。

あくまでも、リーダー層、経営者層にとって響く一冊。その一冊から経営が変わるかもしれない一冊。著者とリーダー層の新しい結び付きのきっかけのために、当社は全力で書籍の発行をいたします。

営業を起点とし、マーケティング組織で実現させる、
Webサイト受注プロセス戦略

２０２２年６月24日　初版印刷
２０２２年７月８日　初版発行

著　者　デ・スーザ リッキー

発行人　神野啓子
発行所　株式会社 エベレスト出版
〒１０１-００５２
東京都千代田区神田小川町１-８-３-３F
TEL　０３-５７７１-８２８５
FAX　０３-６８６９-９５７５
http://www.ebpc.jp

発　売　株式会社 星雲社（共同出版社・流通責任出版社）
〒１１２-０００５
東京都文京区水道１-３-３０
TEL　０３-３８６８-３２７５

印　刷　株式会社 精興社　　装　丁　MIKAN-DESIGN
製　本　株式会社 精興社　　本　文　北越紀州製紙

 ISBN 978-4-434-30662-4